부자의 그릇

일러두기

한국 독자들의 이해를 돕기 위해 원화 환산 환율은 간단히 1엔당 10원으로 통일해
원화로만 표기했다.

돈을 다루는 능력을 키우는 법

이즈미 마사토 지음 | 김윤수 옮김

부자의 그릇

다산
북스

차
례

3 장 부자의 유언 ————————————

1장

부자의 질문

"지금 자네는 1,000원도 제대로 다루지 못하고 있네."

시작

정말 운이 나빴던 걸까?

어느 늦은 가을날. 오후 4시가 지나니, 태양이 저물어가면서 세상을 점점 붉게 물들였다.

　"벌써 날이 지는구나. 여기에 얼마나 있었지?"

　사실 이 말에 답을 해줄 사람은 없다. 주변에 아무도 없기 때문은 아니다.

　지금 내 주변에는 아이들과 학생들이 계속 오가고 있지만 내 목소리에 힘이 없어 아무도 듣지 못했을 것이다. 그 정도로 나의 몸과 마음은 쇠약해져 있었다.

　"내가 아무리 여기 앉아 있어도 다들 관심조차 주지 않는구나…"

　나는 요 며칠 백화점 앞에 있는 분수 광장에 와 있는 일이 잦았다. 사실 '광장'이라고 부르기에는 과분하고, 백화점 본관과 별관을 연결하는 통로 옆에 있는 '간이 휴게소' 라 말하는 게 더 격에 맞을 것이다.

그래도 나는 이곳이 아주 마음에 든다.

별 규칙 없이 놓인 유리 탁자는 그날그날 햇볕의 강도에 따라 무수히 많은 표정을 보여준다. 또, 천장이 시원스레 뚫린 통로 덕에 한여름에는 소나기가 지나간 뒤 떠오른 무지개를 특등석에서 바라보는 기쁨을 누릴 수도 있었다.

그러나 무엇보다 가장 마음에 드는 것은 어지러이 놓인 의자들이다. 언뜻 보면 단순하지만, 찬찬히 바라보면 디자이너의 센스에 감탄하게 된다. 그 사람의 이름까지 궁금해질 정도니까.

다만 딱 한 가지, 통로의 위가 뚫려 있어 비바람을 그대로 맞다 보니 조금 지저분한 게 못내 아쉽다. 그러나 그로 인해 의자와 좀 더 거리를 둠으로써 객관적으로 그것들을 바라볼 수 있다는 장점도 있다.

지금으로부터 3년 전, 나는 이 광장을 처음 알았다. 매일 자동차로 출퇴근을 하다 언뜻 이곳을 보았는데, 사실 그때는 '아, 이런 곳에도 광장이 있었구나' 하는 정도였다. 당시의 나는 일에 치여 사느라 이 광장의 존재 따위에는 크게 신경 쓸 여유조차 없었으니까.

그러나 지금은 다르다.

벤치의 페인트가 얼마나 벗겨졌는지를 보고 제작 연도를 추측해보기도 하고, 분수가 물을 내뿜는 타이밍이 의도된 것임을 알아채고 감탄하기도 한다.

그런 사소한 것들까지 관찰하고 생각할 만큼, 지금의 나에게는 충분한 시간이 있다.

하지만, 나에겐 돈이 없다.

자랑은 아니지만, 솔직히 그냥 농담처럼 '없다'고 할 수준도 아니다. 말 그대로 전혀 없다. 물론 '있다'고 할 수 있는 것도 있다. 바로 '빚'. 그것도 3억 원이나 되는.

내가 온종일 이곳에 앉아 벤치의 페인트가 얼마나 벗겨졌고 분수가 어떻게 만들어졌는지를 따지고 있는 이유는 이러한 현실에서 잠시라도 벗어나고 싶기 때문이다.

지금 내가 할 수 있는 일이라곤 달리 없어 보인다. 아니, 정확히 말하면 내가 할 수 있는 일은 딱 그것뿐이라고 단정 짓고 싶다.

"어두워졌네. 이제 슬슬 돌아가볼까?"

나는 그렇게 중얼거리면서도 섣불리 일어서지 못했다. 집으로 돌아간다 한들 내가 할 수 있는 일이라곤 아무도 없는 싸구려 아파트에서 잠을 청하는 것뿐이니까. 그 아파트에서 지낼 수 있는 날도 일주일이 채 남지 않았지만….

지금 이곳보다 따뜻한 공간으로 돌아가는 일마저 주저해야 한다니! 그러나 집에 가면 그때는 정말 혼자가 된다.

나는 얼른 이 벤치에 계속 앉아 있어야 할 이유를 찾기 시작했다.

"갈까? 싫어. 갈까? 싫어…."

벤치에 앉아 심각한 얼굴로 혼잣말을 중얼거리는 한 남자에게 사람들은 한결같이 미심쩍은 시선을 보내왔지만, 막상 내가 그들을 쳐다보면 모두 고개를 획 돌리고 빠른 걸음으로 멀어져갔다.

'유행이 뭔지… 모두 내 가게에 왔었으면서!'

갑자기 속에서 분노가 끓어오르기 시작했다. 나는 벌떡 일어나서 앞을 똑바로 보며 힘껏 내뱉었다.

"내가 뭘 잘못했는데? 난 최선을 다했잖아! 나는 잘못한 게 없어. 운이 나빴던 거야. 무조건 운이 나빴어!"

한심하게도 나는 이 모든 것이 내 잘못이 아니라는 사실을 누군가가 인정해주길 간절히 바라고 있었다.

"젠장…."

어느새 눈가에 눈물이 맺혔다. 나는 벤치에 앉아서 마음을 진정시키는 일 외에는 아무것도 할 수 없었다.

어느덧 한 시간이 지나서 오후 5시가 넘었다.

이제 해는 완전히 기울어 순식간에 어둠이 찾아왔다. 가로등이 드문드문 켜지고, 내 주변에도 인공 불빛이 흐릿하게 비추기 시작했다.

반면 나의 눈동자는 점점 초점을 잃어버리기 시작했다.

싸구려 점퍼만 걸친 채 추위를 견디며 덜덜 떨고 있는 내 모습을 본 사람이 있다면, 마치 작은 동물을 바라보듯 동정의 눈빛을 보내왔으리라.

"따뜻하게 마실 거라도 있었으면…."

나는 주머니에 손을 찔러 잔돈을 찾았다. 왼쪽 주머니에서 한 개, 오른쪽 주머니에서 두 개가 잡혔다. 순간 온몸에 안도감이 퍼졌다.

하지만 그 동전을 전부 꺼냈을 때, 나는 조금 전보다 더 크게 낙담해야 했다.

"100원이 부족해."

손바닥 위의 동전을 아무리 세어도 액수는 똑같았다.

"음료수 하나도 못 사는 처지가 됐구나…."

한숨을 쉬며 마침내 자리를 뜨기로 결심한 순간, 뒤에서 낯선 음성이 들려왔다.

"자, 이거."

분명 어둠 너머에서 들려오는 목소리였다. 부드럽고 힘찬 울림이 있어 기분을 좋게 만드는 그런 음성이었다.

"누, 누… 구?"

나는 그쪽을 응시했다. 그러자 이윽고 흐릿한 그림자가 선명한 윤곽으로 바뀌었다.

"이거라도 괜찮으면 빌려드리리다."

그쪽에는 품위 있어 보이는 장신의 노인이 100원짜리 동전을 들고 서 있었다. 일흔 살쯤 되어 보였으나 자세가 좋아서 그런지 나이에 비해 키가 꽤 커 보였다. 하얀 턱수염을 기른 그는 미소를 지으며 나한테 천천히, 하지만 조금도 주저 없이 가까이 다가왔다.

"자."

노인은 100원짜리 동전을 내 손에 건네더니 꽉 쥐여주었다.

"고, 고맙습니다. 누구신지 모르겠지만, 이래도 괜찮겠습니까?"

나는 의심을 하면서도 노인의 호의를 받기로 했다. 그의 말투는 아주 부드러웠지만, 가타부타 못 하게 만드는 묘한 박력도 갖추고 있었다.

아무튼 이 100원만 있으면 따뜻한 음료수를 살 수 있다!

나는 인사도 하는 둥 마는 둥 하고는 서둘러 자동판매기로 향했다. 그런데 손이 얼어서 동전을 하나씩 투입구에 집어넣는 것도 힘겨웠다.

이럭저럭 동전을 모두 투입하고, 내가 좋아하는 '로열 밀크티' 버튼을 누르려는 순간, 뒤에서 또다시 목소리가 들려왔다.

"정말 그걸로 할 텐가?"

"네?"

무슨 의미인지 몰라 나도 모르게 큰 소리로 되물었다.

"그러니까, 정말 그걸로 할 거냐는 말일세."

"무슨 말씀인지…."

노인은 천천히 걸어와 자동판매기의 앞을 막아섰다.

"그러니까, 정말 이걸로 할 텐가?"

노인은 아까처럼 부드러우면서도 박력이 넘치는 목소리로 또박또박 같은 말을 되물었다.

'이 사람, 뭐야?'

그의 이해할 수 없는 행동에 점차 짜증이 나기 시작했다.

100원을 빌려준 사람은 분명히 이 노인이 맞다. 물론 그 점은 정말로 고마웠다. 하지만 한편으로 생각하면, '고작 100원'이다. 고작 100원을 주면서 내가 먹고 싶은 음료수 종류까지 참견하는 건 도저히 참을 수 없었다.

그리고 무엇보다 나는 지금 당장 따뜻한 밀크티를 마시고 싶은 맘이 간절하다.

나는 맘을 단단히 먹고 노인에게 말했다.

"돈을 빌린 입장에서 이런 말씀을 드리면 대단히 실례가 된다는 걸 알지만, 제가 여기서 뭘 마시든 그건 저의 자유 아닙니까?"

"…."

노인은 아무런 대답도 하지 않았다.

"혹시 제가 100원을 받았을 때 영감님께 고개를 숙이지 않아서 언짢으신 겁니까?"

그는 역시나 대답하지 않았다.

"무슨 말씀이든 해보세요. 이미 늦은 건지도 모르겠지만, 이렇게 머리를 숙일 테니 이제 그만 봐주시죠."

나는 이 상황을 넘기기 위해 재빠르게 머리를 꾸벅 숙였다. 하지만 노인은 꿈쩍도 하지 않았다.

"그렇다면 머리를 좀 더 숙여보게나."

노인은 내 눈을 응시하며 상냥한 미소를 머금은 채 이렇게 말했다.

"네?"

생각지 못한 노인의 말에 당황스러웠지만, 나는 애써 웃는 얼굴을 하고 받아쳤다.

"겨우 100원 가지고 꽤 까다롭게 나오시는군요. 머리를 더 숙이면 되는 거죠? 네네, 감사합니다!"

나는 '까짓것 원하는 대로 다 해드리리다'라는 생각으로 자동판매기를 막아선 그를 향해 다시 머리를 숙였다.

아까보다 더 공손하게 머리를 숙였건만, 노인이 곧이어

던진 말은 나의 두 귀를 의심하게 만들기에 충분했다.

"조금 더 깊이 숙여보게나."

나는 노인을 쏘아보았다. 절대 욱하는 성격은 아니지만, 그가 계속 부당한 요구를 하자 진심으로 화가 치밀어 오르기 시작했다.

'자꾸만 뼈아픈 기억을 되살려주는데? 이런 부당한 대우, 정말 오랜만이군!'

나는 화를 퍼부으려다가 꾹 참았다. 순간 아내와 딸아이의 얼굴이 또렷이 떠올랐기 때문이다.

'여기서 이 노인과 싸워서 뭐 하겠어. 아내와 내 딸 아이 코만 더 힘들어질 텐데….

그래, 지금도 충분히 힘들 텐데 이깟 일로 두 사람을 더 괴롭게 할 수는 없지! 고개 좀 숙인다고 내 머리가 닳는 것도 아니고 말이야. 얼른 집으로 돌아가자. 다 빨리 가지 않은 내 잘못이야. 집에 가서 오늘 있었던 일은 전부 잊는 게 좋겠어!'

이렇게 마음의 소리에 귀를 기울이자, 냉정을 되찾을 수 있었다.

"알겠습니다."

다소 이성을 찾은 나는 차분히 대꾸하며 고개를 더 깊숙이 숙였다. 그런데 고개를 들려고 하는 그 순간, 노인이 건넨 말의 참뜻을 비로소 이해할 수 있었다.

'아, 그런 뜻이었구나….'

자판기는 모두 삼단으로 나누어 진열되어 있었는데 가장 아랫줄, 즉 세 번째 단에는 '따뜻한 음료'가, 그 위의 첫 번째와 두 번째 단에는 '차가운 음료'가 있었다.

그런데 나는 빨리 밀크티를 마시고 싶다는 생각에 그만 먼저 눈에 들어온 두 번째 단의 차가운 밀크티 버튼을 누르려고 했던 것이다.

겨울에는 자판기에 차가운 음료가 있을 리 없다는 편견과 설령 따뜻한 음료가 있더라도 세 번째 단에 또 밀크티가 있을 리는 없다는 선입견, 더 덧붙이면 빨리 밀크티를 사서 온기를 느끼고 싶다는 욕망이 머릿속을 지배하고 있었던 셈이다.

노인이 나를 제지하지 않았다면, 나는 이 겨울에 차가운 밀크티를 마실 뻔했다. 과장처럼 들리겠지만 남한테는 '고작 밀크티'일지 몰라도, 지금 나에게는 '세상에 둘도 없는 밀크티'다.

노인은 내가 그 사실을 깨달은 걸 눈치챘는지 천천히
입을 열었다.

　　"참 순수한 젊은이로구먼. 나 같은 늙은이의 불손한 요
구에도 이처럼 따라주다니…."

　　노인은 그제야 자판기 앞에서 비키더니, 한층 환한 미
소를 지으며 말했다.

　　"정말 그걸로 할 텐가?"

　　나 또한 이번에는 자신감이 넘치는 목소리로 대답했다.

　　"네, 그럼요!"

　　오랜만에 누군가에게 미소로 답하는 나 자신이 매우 낯
설었다.

　　"아아, 맛있다…."

　　목구멍으로 따뜻한 음료가 흘러들어왔다. 따뜻한 밀크
티가 내 몸과 마음을 모두 녹이는 데에는 그리 오랜 시간
이 걸리지 않았다.

　　노인은 내가 순식간에 기운을 차리는 모습을 보는 것만
으로도 그저 기쁜 모양이다.

　　"정말 신기하구먼."

노인의 목소리에 나는 정신이 들었다.

"어디서나 살 수 있는 밀크티이지만, 지금 자네에겐 특별한 음료일 거야."

노인이 내 속마음을 알아채자, 조금 겸연쩍었다. 나는 이제 그만 그가 돌아가기를 고대했지만, 노인은 나의 기분 따위에는 아랑곳하지 않고 표정 하나 바꾸지 않은 채 계속 그 자리에 서 있었다.

"저, 어디 사는 누구신지는 모르겠지만 오늘은 정말 감사합니다. 그리고….."

"그리고?"

"조금 전에 범한 결례를 용서해주십시오."

나는 노인에게 다시 머리를 깊이 숙이며 감사와 사과의 마음을 전했다.

"아니, 나야말로."

노인도 나에게 머리를 숙이더니 말을 이었다.

"자네를 만나서 정말 기뻤네."

이 인사말을 끝으로 나는 드디어 마음을 놓고 되돌아가려던 차였다.

"잠깐, 자네에게 할 말이 있네만."

노인의 말은 나를 바짝 긴장시켰다.

"아까 그 100원은 꼭 돌려주게나."

너무나 진지한 태도에 순간 온몸이 굳어버렸다.

"자네가 재기해서 돈을 맘껏 다루게 될 즈음 반드시 돌려줬으면 하는데."

'뭐야, 날 생전 처음 본 영감님이 지금 용기를 북돋아주려는 거야? 분명 아까 내 표정이 아주 어두워서 그러는 거겠지.'

나는 자신감 있는 목소리로 그의 요청에 대꾸했다.

"네. 꼭 돌려드리겠습니다. 이 따뜻한 밀크티를 마시게 해주신 그 은혜는 절대 잊지 않겠습니다. 재기만 한다면 100원이 아니라 1,000만 원 정도로 돌려드리지요."

"그건 안 되네."

노인은 크게 고개를 저었다.

"왜죠?"

"너무 많아."

"너무 많다고요?"

이 노인은 도대체 무슨 꿍꿍이인 걸까?

"그럼… 얼마면 받아주실 건가요?"

나는 머뭇거리며 물었다.

"글쎄, 돌려준다면 120원 정도가 적당하려나?"

"네? 120원이요? 이건 어디까지나 성의 문제인데요. 지금 저는 영감님 덕에 이렇게 한숨을 돌릴 수 있었습니다. 1,000만 원도 적다는 생각이 드는 때가 온다면 그때는 꼭 그만큼 돌려드릴 테니 그렇게 하게 해주십시오."

나는 속으로 '거참, 성가신 영감님이네'라고 생각하면서 그럴듯한 말을 늘어놓고 그 자리를 피하려고 했다.

그런데 그때, 생각지도 못한 말이 노인의 입에서 흘러나왔다.

"… 그래서 망했던 거군."

"뭐라고요?"

그의 목소리는 작았지만, 내 마음을 흐트러트리기에는 충분했다.

"자네는 돈에 대해 몰라도 너무 모르는 것 같아. 건성인데다 갈피를 잡을 수도 없고, 순간적인 기분에 휩쓸려서 일을 크게 벌이려고 하지. 그래서 실패한 걸세."

노인의 말에 내 마음이 격렬하게 반응하더니, 조금 전의 분노가 되살아났다.

　　"영감님은 저에 대해 뭔가 알고 계시는 겁니까? 대체 누구시죠?"

　　"나는 조커라고 하네만."

　　"조커요? 그 트럼프 카드에 있는?"

　　"그래, 그 조커지."

　　노인은 자못 당연하다는 듯이 대답했다.

　　'이 영감님, 대체 뭐 하자는 거야?'

　　나는 더 이상 이 노인을 상대하지 말아야겠다고 결심하며, 말없이 자리를 뜨려고 했다.

　　"자네는 아는가? 일본 대형 은행들이 1년간 금리로 모두 얼마를 챙기는지?"

　　"…"

　　"대략 50조 원이야. 반면에 고객에게 지불하는 금리는 총 수조 원 정도지. 그 차액은 그대로 은행 이익이 되고. 사람들로부터 모은 돈을 빌려주고 그만한 이익을 얻는 거라네. 참 좋은 장사야."

　　노인은 내 등을 향해 혼잣말하듯 내뱉었다.

'대체 무슨 말을 하고 싶은 거지?'

나는 노인을 향해 돌아보았다.

"금리가 뭔지는 알고 있겠지?"

노인은 마치 아이를 대하듯 천천히 물었다.

"저를 뭐로 보시고! 이래 봬도 경영학 전공자입니다."

"그렇구먼. 근데, 나는 조금 전 자네에게 20퍼센트의 금리를 붙였어. 금리가 20퍼센트라니, 너무 터무니없다는 생각이 안 드나?

사실 그런 고금리를 붙인 이유는 자네에게 신용이 없기 때문이야."

"하하, 노골적이시네요."

쓴웃음을 지으며 그의 말을 흘리려 했지만, 노인은 역시나 내 기분 따위는 개의치 않고 말을 이었다.

"하지만 그럴 수밖에 없어. 난 오늘 처음 자네를 만났으니, 자네에 대해 전혀 아는 게 없다네. 생년월일, 가족 구성, 경력 그런 것도 전혀 몰라.

더구나 자네는 이 시간에, 그것도 이런 곳에 꽤 오래 있었던 것 같은데 시간에 얽매이지 않을 만큼 여유로운 사람이라면 음료수를 살 잔돈이 없다는 게 말이 안 돼. 회사

원이라면 퇴근을 했거나, 야근을 하거나, 회식 자리에 갈 시간이지.

솔직히 이 모든 상황을 고려해볼 때 그 금리도 낮은 편이야. 은행이라면 아예 빌려주지도 않을 거야."

나는 아픈 곳을 쿡쿡 찔러대는 노인에게 발끈할 수밖에 없었다. 내가 누구인지도 모르면서 너무 무례하다는 생각이 들었다.

그런데 내가 실패했다는 사실은 어떻게 알아맞힌 걸까? 그저 우연이었을까? 석연치 않은 구석이 있었지만, 뭔가 받아치지 않으면 분이 풀리지 않을 것만 같았다.

"하긴, 제 신용도는 낮을 겁니다. 하지만 고작 100원 빌려주시고서 이렇게 함부로 말씀하시는 분의 인격도 의심스럽네요."

"하하하. 자네는 분명히 그렇게 늘 '고작 100원'이라고 여기면서 대출을 받아왔을 거야."

다시 뜨끔했다. 맞는 말이기 때문이다. 하지만 다 그만한 이유가 있었는데….

노인은 당황해하는 나를 무시하고 말을 이어갔다.

"나를 오해해서는 곤란하네. 이래 봬도 꽤 관대하게 지급 유예를 했잖은가? '자네가 재기해서 돈을 맘껏 다루게 되면'이라는 조건을 붙인 건 무기한이나 마찬가지야.

사실 지금 자네의 모습을 보면 그건 아주 먼 훗날의 일 같은데 말이지. 아니, 과연 그럴 날이 올지 안 올지도 잘 모르겠구면."

나는 몹시 심기가 불편해져서 비아냥거리며 받아쳤다.

"영감님이 스스로 조커라고 칭한 의미를 이제야 알 것 같네요. 이렇게 짧은 시간에 이토록 남의 기분을 상하게 만들다니, 그것도 참 대단한 능력이십니다."

"하하하. 고맙네. 오늘은 정말 즐겁구면."

하긴, 내가 여기에 있다는 사실을 아는 사람이 있을 리가 없다. 이 노인은 남아도는 시간을 때울 수 있는 적당한 상대를 찾아 이를 즐기고 있는 게 분명하다.

그러나 하고많은 사람 중에 왜 하필 나를 상대로 그런 이야기를 한 걸까? 이유야 알 수는 없지만 어쨌든 노인은 상대를 골라도 한참 잘못 골랐다.

만약 내가 은행에 근무했었다는 사실을 알면 그는 분명 놀랄 것이다. 내가 그 말을 할 타이밍을 노리는데, 그가 갑자기 다시 진지한 음성으로 말했다.

"왜 내가 이런 이야기를 장황하게 늘어놓는지 의문을 품는 모양이구먼. 자네는 이 짧은 시간에 돈을 쓰는 데에도 이미 잘못을 저질렀어.

아까 자네가 실수로 차가운 밀크티를 사려다가 멈춘 다음에도 자네한테는 세 가지 선택지가 있었지. 하나는 그대로 따뜻한 밀크티를 사는 선택지, 나머지 두 개는….."

노인은 잠시 뜸을 들이더니, 아이를 가르치듯 말했다.

"또, 따뜻한 밀크티를 사지 않는 선택지, 여기서 3분 정도 떨어진 슈퍼까지 걸어가서 100원이 필요 없는 밀크티를 사는 선택지, 이렇게 총 세 가지가 있었지.

물론 슈퍼에 있는 밀크티가 따뜻하다는 보장은 없지만 가서 확인할 수는 있었어."

틀린 말은 아니다. 하지만….

"전 지금 여기서 따뜻한 밀크티를 마시고 싶었다고요!"

"그래. **자네는 방금 '지금'이라는 점에 얽매였어.** '지금' 당장 온기를 느끼고 싶다고 생각했고. 그리고 나한테 돈을 빌려서 밀크티를 산 덕분에 '지금' 이렇게 재미도 없는 낯선 노인의 이야기를 듣게 됐지."

이 노인은 무슨 말이 하고 싶은 걸까? 도대체 무슨 이유로 나한테 접근을 한 거지?

"영감님은 대체 누구십니까?"

노인은 품위 있게 미소를 짓더니, 한 박자 쉰 다음 천천히 말을 이어갔다.

"말했잖나. 조커라네. 자네의."

노인은 천천히 팔을 들어 나를 가리켰다. 그러자 마치 마법처럼, 일곱 빛깔의 불빛에 분수가 반짝이며 가을 밤하늘을 향해 솟아올랐다.

내 안에서는 '이 영감님에 대해 더 알고 싶다'라는 호기심과 '이 영감님과 더는 엮이고 싶지 않다'는 불편한 감정이 엇갈리기 시작했다.

혼란스럽긴 했지만, 이렇게 노인과 함께한 기나긴 밤이 시작됐다.

선택

충동적이고 섣부른 판단은 아닌가?

내 기분을 아는지 모르는지, 노인은 온화하게 미소를 띤 채 여유로운 모습으로 내 앞에 서 있었다.

'지금 날 놀리는 걸까, 아니면 진심일까? 진심이라 해도 뭔가 목적이 있을 거야. 그런데 목적이라면… 그게 뭐지?'

노인은 내가 조금 전까지 앉아 있던 벤치로 걸어가 우아하게 사뿐히 걸터앉았다. 그리고 천천히 다시 입을 열었다.

"돈이란 건 말이지, 참 신기한 물건이야. 사람은 그걸 가진 순간에 선택해야 돼. 쓸까 말까, 쓴다면 언제 무엇에 쓸까? 하지만 사람들은 대부분 그런 생각은 안 하고 충동적으로 써버리지. 지금 필요하니까 지금 쓰는 거야."

나는 노인의 말을 그저 듣고만 있었다. 어느새 스스로

조커라고 칭하는 그의 박력에 압도당한 것 같았다.

"자네는 자칫하면 원하는 것과 다른 걸 살 뻔했어. 그리고 지금이라는 것에 얽매여서 더 싸게 살 수 있는 선택지를 스스로 포기했고."

"저, 다 맞는 말씀이긴 한데요. 날씨가 너무 추워서 여기를 떠나고 싶지 않았고, 빨리 따뜻한 걸 마시고 싶었어요. 게다가 어두컴컴해서 자판기 글자도 잘 안 보였다고요!"

"인간이 돈 때문에 저지르는 실수 중 90퍼센트는 잘못된 타이밍과 선택으로 인해 일어난다네."

내가 던진 변명 같은 말에 그는 그렇게 대꾸했다.

"돈을 잘못 다루는 사람들은 대부분 그걸 깨닫지 못해. 실수를 저질러놓고 남의 탓으로 돌리거나, 자네처럼 날씨나 기온 탓이라고 해버려. 그리고 똑같은 잘못을 몇 번이나 다시 저지르지."

하긴, 이 노인이 지금 내 처지와 심정을 어찌 알랴!

"하지만 정말 여유가 없었습니다. 영감님 말씀대로 근처 슈퍼에 가는 것조차 힘들게 느껴졌거든요."

"흠, 돈이라는 건 정말 신기하단 말이야. 만약 한 푼도 없었다면 자네가 밀크티를 마시고 싶다는 생각을 했을 것 같나? 포기하고 얼른 집에 가서 주전자에 물을 끓여 뜨거운 물이나 마시고 있겠지. 동전 몇 푼을 가지고 있다 보니 자네는 정상적인 판단을 내리지 못했어. 사람들은 돈이 있으면 무조건 쓰고 싶어지는 모양이야."

무슨 이런 말을! 너무나 무례한 말에 나는 분노를 담아 반론하려 했지만, 노인은 거리낌 없이 이렇게 내뱉었다.

"지금 자네는 1,000원도 제대로 다루지 못하고 있네."

노인이 나를 계속 바보 취급해오긴 했지만, 이렇게까지 대놓고 비난하자 반박할 기력마저 사라져버리고 말았다.

"아무튼, 미안하게 됐구먼. 못 배운 탓인지, 내가 말이 좀 거칠었던 것 같은데."

"… 아뇨, 괜찮습니다. 다 맞는 말씀인데요."

"사람은 돈이 있으면 그걸 쓰고 싶어 한다고 했네만, 대형 가전제품이나 텔레비전, 새로 지은 주택이나 새 자동차, 그런 걸 파는 사람들도 살까 말까 망설이는 고객들에게 똑같은 말을 하지.

'지금이 바로 사야 할 때입니다'라고.

이 말은 마법과도 같아. 망설이던 고객도 그 말을 들으면 지갑을 열거든.”

“네. 그야 전문 영업자는 지식도 많고 노하우도 많아서 그들이 하는 말에는 묘한 설득력이 있거든요.”

“어떤 의미에서 보면 '지금이 바로 사야 할 때'라는 말은 너무나 당연해. 왜냐하면 구매자는 그 상품이 갖고 싶어서 매장으로 나온 걸 테니까, 당연히 당사자에게는 그때가 사야 할 때가 되겠지.

그런데 사실 '지금이 바로 사야 할 때'라는 말에는 두 가지 의미가 있어. 첫 번째는 '고객이 상품을 원하므로 지금이 사야 할 때', 두 번째는 '사회적 흐름이나 분위기로 볼 때 적절한 타이밍이므로 지금이 사야 할 때'라는 뜻이지.

여기서 판매자가 말하는 '구매할 때'는 전자의 뜻이야. '지금 당신이 원하니 바로 지금이 사야 하는 때입니다'라고 부추기는 거지, '지금이 사회적 흐름상 사야 하는 적절한 타이밍입니다'라고 하는 건 아니란 말일세. 그럼에도 우리는 늘 후자의 의미처럼 스스로 시기상 매우 적절히 구매했다고 착각하지."

나는 노인의 말에 수긍했다. 내 과거를 돌이켜봐도 판매자의 '지금이 바로 사야 할 때'라는 말에 자기 자신을 납득시켜 지갑을 열었던 경험이 여러 번 있었기 때문이다.

"그리고 물건을 고르는 일에 대해서는 더 이상 설명할 필요도 없을 걸세. 흔히 사람들은 저 상품보다 이 상품이 더 뛰어나서 선택했다고들 하지.

하지만 문제는 그 뛰어난 게 '기능'인지 '가격'인지, 그것들을 뒤섞어서 생각해버린다는 거야. 그리고 돈을 아끼려다 별로 좋지 않은 걸 샀던 경험이 있다 보니, 집이나 자동차처럼 큰 물건일수록 기능을 우선시해서 선택하려고 들어. 하지만 그렇게 사는 것들에는 대부분 그 가치 이상의 가격이 붙어 있어.

집이나 자동차를 예로 들어보지. 그것들 모두 2년쯤 지났다고 생각해보게. 그러면 중고나 구형이 되어서 2년 전보다 싸게 살 수 있다는 걸 알면서도 **사람들은 지금 돈을 더 지불하는 쪽을 택해. 돈을 더 냄으로써 잘못된 선택을 하고 있지 않다는 안도감을 사는 거야.** 정말로 물건의 장단점을 보고 고르는 게 아니란 말일세."

경험

돈을 다루는 능력은 키웠는가?

"여유가 없는 상태, 즉 돈이 없는 상태가 되면 사람들의 판단력은 더 흐려져. 모든 걸 자기에게 유리한 대로 해석 하려 들지. 머리로 냉철하게 생각하지 않고 말이야. 그리 고 조금 전의 자네처럼 서둘러서 돈을 쓰려고 하지."

"그렇지만, 하는 수 없잖습니까? 여유가 없어진다는 것 자체가 머리가 잘 안 돌아간다는 걸 뜻하는데요.

영감님이 생각하시는 것처럼 인간의 정신력은 그렇게 강하지 않습니다."

노인은 과장되게 고개를 절레절레 저었다.

"지금까지 했던 이야기로만 보면 분명 맞는 말이야. 하 지만 나는 여태껏 쌓아온 경험상 알고 있는 사실이 한 가 지 더 있다네..

인간은 자신과 어울리지 않는 돈을 가지고 있으면 반드시 잘못을 저지르게 된다는 거지.

자네는 미국의 유명 운동선수 열 명 중 여섯 명은 은퇴 후에 자기파산을 한다는 사실을 알고 있나?

미국의 프로 스포츠계는 알다시피 선수들에게 터무니없이 많은 연봉을 지불하고 있어.

하지만 그건 현역일 때뿐이야. 은퇴와 동시에 모든 선수의 수입은 끊기고 말지. 그때가 되면 성공한 수많은 선수는 그때까지 모아온, 평생 써도 남아도는 돈을 어떻게 써야 할지 몰라 망설인다네.

개중에는 변한 상황을 개의치 않고 현역 시절과 똑같이 화려하게 살다가 탕진하는 사람도 있어. 그러나 그건 수많은 파산 이유 중 하나에 불과하지. 왜냐하면, 인간의 욕구를 충족시키는 사치란 건 뻔하니까. 사실 1년에 3억 원 정도만 있어도 욕구의 많은 부분을 이룰 수 있거든.

대부분 처음에는 자신의 돈을 마구 쓰고 있다는 사실을 인식하지 못해. 텔레비전이나 라디오 방송에서 스포츠 해설을 맡거나 한동안은 주변에서 치켜세워주는 나날이 계속될 거야.

하지만 그런 일자리마저 몇 번의 시즌이 지나면 이제 막 은퇴한 선수들로 대체되겠지. 이윽고 몇 해쯤 지난 뒤에야 그들은 비로소 알아차리게 돼.

'통장 잔고가 계속 줄고 있다!'

이 공포는 직접 겪어보지 않으면 모를 거야.

사실 그들에겐 동정이 가기도 해. 돈이 무엇인지도 모르던 젊은 시절부터 거금을 받아왔고, 주변에는 자신을 받들면서 칭찬을 해주는 사람들뿐이었으니까. 큰돈에만 어울리는 행동을 하다 보니 자연히 사치스러운 생활을 하게 됐겠지.

하지만 그건 다 현역 시절에나 통하는 얘기야. 상승곡선을 그리던 잔고는 바로 그때부터 꺾여버리거든. 은퇴해서도 스포츠 업체와 계약하거나 텔레비전·라디오 방송 일을 해서 수입이 줄지 않는 사람은 정말 손에 꼽아야 할 정도야.

선수들 대다수는 '현역 시절과 비교도 안 될 정도로 적은 수입'과 '현역 시절과 똑같은 화려한 생활' 사이에서 괴로워하게 되지.

결국 파산하는 진짜 원인은 그 압박감에 머리를 싸매다가 섣부르게 투자를 해버리기 때문이야. 내 말을 오해하지는 말게. 투자 자체가 잘못이라는 건 아니야. 다만 그런 상황에서는 대부분 잘못된 투자를 하기 마련이거든.

정신이 제대로 박힌 사람이라면 절대 하지 않을 리스크가 높은 투자를 하고, 주변 사람들이 추천하는 대로 비싼 물건을 사대는 거지.

'반드시 대박 난다'는 투자자의 조언을 곧이듣고 리스크를 진지하게 생각하지 않는 거야. 그리고 현역 시절처럼 이렇게 좋을 대로 믿어버리지.

'난 역전 홈런을 칠 수 있어! 이 투자에서 승리하면 나는 다시 한번 빛나게 될 거야!'

스포츠 세계에서는 그런 긍정적인 사고가 선수를 성공으로 이끈다는 것쯤은 나도 잘 알고 있네. 그건 분명 선수 본인이 컨트롤해야 하는 영역이지.

하지만 돈의 세계는 절대 만만치 않아. 훨씬 가혹하단 말일세.

돈의 세계에서는 자기가 보기엔 최고의 경기였다 해도,

결국엔 생각지 못한 다른 원인으로 질 수도 있어. 그리고 유감스럽게도 프로 스포츠 선수 출신이 투자의 세계에 뛰어들어 역전 홈런을 쳤다는 말은 들은 적이 없다네. 그들은 결국 비싼 수업료를 지불한 거라고 볼 수 있지."

"참 이상하네요. 사치만 안 하면 평생 먹고살 수 있는 돈이 있는데, 왜 그러는 걸까요? 결국, 계속 화려한 생활을 이어가려고 하는 욕심이나 괜한 승부욕 때문이 아닐까요? 전 자업자득이라는 생각이 듭니다."

"아니, 그렇게 단순한 문제는 아니야. 돈에는 이상한 힘이 있다고 하지 않았나.

사람에게는 각자 자신이 다룰 수 있는 돈의 크기가 있거든.

다시 말해, 그 돈의 크기를 초과하는 돈이 들어오면 마치 한 푼도 없을 때처럼 여유가 없어지고 정상적인 판단을 내리지 못하게 되는 거지."

노인은 한숨을 내쉬더니 내 얼굴을 들여다보았다. 마치 '자네라면 알고 있을 거야'라고 말하며 내 속을 꿰뚫어 보는 것만 같았다.

"이렇게 말하면 이해할지 모르겠네만, **돈은 일종의 에너지야. 열을 내뿜고 있지. 그런데 사람들마다 적합한 최적의 온도는 전부 달라.** 에너지가 너무 적으면 차가워서 불편하지만, 너무 많아도 지나치게 뜨거워서 화상을 입고 말지.

예를 들어보겠네. 만약 중학생에게 용돈으로 10만 원을 주면 옷을 사거나 갖고 싶었던 물건을 사면서 잘 쓸 거야.

하지만 1억 원을 주면 어떨까? 분명히 제대로 못 쓸 걸세. 10만 원을 줬을 때처럼 잘 쓰면 좋겠지만, 대부분 허튼 데 쓰려고 하겠지. 그러면서 실패를 하는 거라네."

"… 네."

"그러니까 돈을 아껴 쓰거나 저금을 하라는 식의 교과서 같은 소리를 하려는 건 아니야.

돈이라는 게 다루기 쉽지 않다 보니 많은 사람이 '여차할 때를 대비해 저금하라'는 말을 많이 할 거야. 또 일본 사람이라면 그런 말을 들으며 자랐을 테고. 이 나라는 저축 금액이 거의 1경 원에 다다른다고 하지 않나? 결국 그만한 돈이 그냥 잠들어 있다는 말이지.

하지만 '여차'할 때가 언제인가? 그건 마치 갑작스레 닥

쳐오는 폭풍우와 같다네.

어디 인생이 계획대로 되는 것 봤나? 결혼, 출산, 해고, 창업, 은퇴, 질병, 재해 그 어느 하나라도 내일 당장 일어나지 않는다고 단정 지을 수 있겠나?

그때를 대비해 돈을 모으고, 몇 번씩 시뮬레이션을 반복하면서 불안에 떨고, 여차할 때만을 기다리며 사는 게 기분 좋은 인생은 아닐 걸세."

"하지만 사람은 언제까지나 중학생으로만 있을 수는 없고, 계속 성장하지 않습니까? 당연히 다루는 돈의 크기도 자연스레 커지겠지요."

"맞는 말이야. 하지만 **돈을 다루는 능력은 많이 다루는 경험을 통해서만 키울 수 있어. 이건 결론이야. 처음에는 작게, 그리고 점점 크게.**

그러나 사람들은 어른이 되어 분별력이 생기면 누구나 쉽게 돈을 다룰 수 있다고 착각해. 분별력과 돈을 다루는 건 별개인데 말이지. 자네는 혹시 알고 있나?

'파이낸셜 플래너'라고 불리는 사람 중에 진짜 부자는 거의 없다는 걸."

"파이낸셜 플래너 중에 부자가 없다뇨. 그게 무슨 말씀입니까?"

"그들은 플랜을 세울 수는 있지만, 막상 돈을 벌거나 불리는 데 탁월한 전문가는 아니라는 거야.

그런데도 사람들은 자신이 가진 돈을 가지고 전부 그들에게 상담하려고 들어. 자신의 주머니 사정을 털어놓고 어떻게 하면 더 큰 부자가 될 수 있는지를 물어보지. 기껏해야 투자신탁(investment trust, 위탁회사가 자금을 모집해 투자가를 대신해 유가증권 및 부동산 등에 투자한 후 투자가에게 수익을 나눠주는 제도)을 권유받는 정도인데 말이야. 사실 그런 상담은 그들에게도 성가실 뿐이겠지만."

이야기가 열기를 띨수록 노인은 점차 허물없는 태도를 보였다.

이 노인은 도대체 나한테 무슨 메시지를 전해주고 싶은 걸까?

"어르신."

어느새 나는 이 노인에게 경의를 표해야 할 것 같은 기분에 휩싸여 자세를 고치고 공손한 태도로 물었다.

"어르신은 저한테 뭘 가르쳐주시려는 겁니까?"

"무슨 그런 소리를 하나. 가르치긴 뭘 가르쳐! 내가 하는 말은 모두 스스로 배워야 하는 걸세.

그런데 자네는 이미 절반은 배운 것 같은데? 어떻게 하면 돈을 잃는지를 경험했으니, 이제 나머지 절반을 배우면 되겠지."

"하하하."

나는 힘없이 웃었다. 어느덧 노인의 뼈를 때리는 농담에도 익숙해진 듯하다.

거울

복권에 당첨되면 무엇을 하고 싶은가?

계속 말을 이어가던 노인이 갑자기 이야기를 멈췄다. 그의 휴대전화가 울렸기 때문이다. 하지만 휴대전화 화면을 확인하고 한숨을 쉬더니, 더는 전화기를 보지 않았다.

"참 큰일이야. 언제까지 남의 판단에만 기댈 생각인지…. 내 판단은 '기다려'인데, 그런 걸 뭐하러 굳이 전화로 전하겠나? 내가 전화를 안 받으면 그들은 계속 판단하지 못하고 기다릴 거야."

"뭔가 다른 급한 용건이 있는지도 모르잖습니까?"

"아니, 지금 자네보다 더 급한 용무가 있는 사람은 없다고 생각하니까 됐네."

이게 무슨 말일까? 노인은 역시 어떤 의도를 갖고 지금 나를 찾아온 게 확실하다. 그는 이야기를 계속해나갔다.

"많은 사람이 하는 질문 중 내가 가장 의미 없다고 생각하는 것에 관해 이야기해볼까 싶네만, 그건 **'복권에 당첨되면 무엇을 하고 싶은가?'라는** 거야.

사람들은 그 질문을 듣고 수십억, 아니 수백억 원을 가진 자신의 모습을 상상하지. 상상 속에서는 여행도 가고, 집도 짓고, 또 근사한 차도 타고 있을 거야. 그리고 그 돈이라면 모든 것이 가능할 거라 착각해. 하지만 그런 질문과 상상이 무슨 의미가 있겠나?

냉정하게 말해주지. 10억 원을 가져본 적이 없는 사람이 실제로 10억 원을 갖게 되면 절대 자신이 상상하는 대로 되지 않는다네. 실제로 그런 불행한 일을 겪은 한 남자의 이야기를 들려주지.

영국에서 실제로 있었던 일이야. 한 남자가 있었는데, 그는 초라한 아파트에서 세 식구와 오순도순 살았어. 공장에서 성실하게 20년간 일하면서 말이지.

그러던 어느 날 복권을 샀고, 분명 그날 밤 식구들과 '당첨되면 뭘 할까?' 하며 즐겁게 이야기꽃을 피웠을 거야.

그런데 행운인지 불행인지, 정말 당첨이 됐지 뭔가! 그렇게 복권으로 300억 원이나 되는 거금을 얻었지. 그런데, 그 후로 인생이 완전히 무너지고 말았어."

"어떻게요?"

"2년 뒤에 파산했네. 그리고 온 가족은 뿔뿔이 흩어졌지. 복권에 당첨되면서 퇴직을 한 바람에 직장도 잃었고, 당장 살 집도 없어졌어.

남자에게 무슨 일이 있었는지는 잘 모르겠네만, 대충 상상은 가지. 갑자기 돈을 빌려달라고 찾아오는 사람도 있었을 거고, 수상한 투자를 권유하는 사람도 있었을 거야. 아마 딸이 있었던 걸로 기억하는데, 그 아이 인생도 완전 망가졌다네. 어떤 남자가 돈을 노리고 접근했는데, 거기에 속아서 돈만 빼앗기고 그 딸은 버려졌거든."

그 딸을 생각하자, 아이코가 떠올라 가슴이 아팠다.

"그의 아버지는 어떤 친절한 사람이 도와줘서 지금 청소 일을 하고 있다고 하더군."

나는 그 딸이 어떻게 됐는지 궁금했지만, 그도 거기까지는 자세히 알고 있지 않은 듯했다.

"반대로, 복권과 관련해서 기분 좋은 뉴스도 있네. 얼마전 일인데, 캐나다에서도 어떤 남자가 복권이 당첨돼 하루아침에 돈방석에 앉게 됐어. 그 남자는 중산층에 속했는데, 이미 자녀들도 독립해 있었다네. 그가 그 당첨금을 어떻게 했을 것 같나?

놀라지 말게. 모두 기부했다네. 하하, 유쾌하지 않은가?"

그 이야기는 나도 들었던 기억이 난다. 당시는 자금 마련이 힘들어 고생하고 있던 때라 내심 부러워하면서도 어리석은 짓을 한 그에게 분노 비슷한 감정을 느끼기도 했다.

"그게 뭐가 유쾌하다는 겁니까? 기부하려면 복권을 뭐하러 사죠? 제가 그 남자라면 훨씬 유용하게 썼을 겁니다."

"유용? 그렇다면 자네는 어디에 썼을 텐가? 기껏해야 빚을 갚는 데 썼을 것 아닌가?

그 남자도 실제로 돈을 받았을 때 생각했을 거야. '내가 이만한 돈을 잘 쓸 수 있을까?'

하지만 복권이 당첨되기까지 그런 돈을 갖게 된 상황을 상상해본 적은 있어도, 실제로 가져본 적은 없지 않은가?

결국 그 남자는 자신이 다루는 건 무리라고 판단했어. **실제로 그만한 돈을 손에 넣으면 돈을 쓰는 감각이 아니라, 돈에 휘둘리는 감각이 커질 거야.** 호화로운 유람선을 타고 세계 일주를 하고, 아내에게 값비싼 보석도 선물하고, 평생 꿈꾸었던 집도 사고…. 그런데 뭐든 가능할 것 같은 그 느낌은 한순간이야. 머지않아 인생에서 할 일이 없어지고 절망에 빠지고 말아.

처음에 복권을 살 때 쓴 돈은 꿈을 더 현실감 있게 상상하기 위한 수업료라 생각하면 된다네. 그럼 아주 싼 거지."

"과연 그럴까요? 그 캐나다 남자는 후회했을 겁니다. 영국 남자처럼 되고 싶지는 않았을 테지만, 수중에 조금이라도 남겨뒀다면 좋았을 텐데 말이죠."

"돈은 그 사람을 비추는 거울이야.

돈은 사람을 행복하게도 하지만 불행하게도 만들어. 때로는 흉기가 되어 돌아오기도 하지. 돈 자체에 색은 없지만, 사람들은 거기에 색을 입히려 해."

노인은 나에게 시선을 고정한 채 말을 이어갔다.

"내가 처음에 자네에게 돈을 빌려줬을 때 금리를 20퍼센트나 붙였어. 법정 최고금리지. 그런데 그게 바로 지금 자네의 가치라네."

"저한테 신용이 없다는 뜻입니까?"

"그게 무슨 의미인지 알겠나?"

신
용

돈은 어디서 생겨나는가?

나한테 신용이 없다고 단언한 것이 조금 미안했는지 노인은 한결 상냥해진 말투로 다시 물었다.

　"돈은 어디서 생겨난다고 생각하나?"

　"글쎄요. 교과서처럼 대답하면 중앙은행이 인쇄해서 전국에 유통하는 것 아닙니까?"

　"하지만 이 나라 어디에 중앙은행으로부터 공짜로 돈을 받았다는 사람이 있지?"

　"그건…."

　"그래서 돈은 사람을 비추는 거울이라고 한 걸세. 경제 시스템으로 바라보면 일련의 과정이 있겠지만, 자네에게 돈을 건넨 건 실생활과 관련된 회사나 가게 매니저, 고객, 부모님, 친구 등 그중의 '누군가'였을 거야.

이처럼, 자네에게 돈을 가져오는 건 반드시 '자신'이 아닌 '다른 사람'이야.

금리는 자네의 신용도를 나타내는 한 예에 불과하지. **즉, 남이 자네를 어떻게 보는지가 자네의 통장에 나타난다는 걸세.**"

나는 깊이 한숨을 내쉬었다. 그야말로 절망적인 말이다. 이 노인은 정말 나에 대해 뭔가 알고 있는 걸까?

"죄송합니다, 어르신. 말씀을 안 드렸습니다만, 저는 거의 3억 원에 달하는 빚이 있습니다. 사업에 실패했거든요."

"그랬군."

노인은 별일도 아니라는 듯 내가 한 말을 흘려버렸다.

"빚 자체는 나쁜 게 아니야. 만약 자네에게 연간 3억 원의 수익이 났다면, 나는 아무 의견도 내놓지 않을 걸세."

"연간 3억 원이라… 한때는 저에게도 그게 그저 꿈같은 숫자가 아니었지만, 지금은 수입이 전혀 없습니다. 얼마 전까지만 해도 설비와 기자재는 남아 있었지만, 그것마저 돈으로 바꿔서 지금은 정말 땡전 한 푼도 없습니다."

"아까 밀크티를 산 돈이 마지막이었나?"

"…네."

"하하하, 유쾌한 젊은이야."

"한 가지 여쭙고 싶습니다. 어르신이라면 1,000원으로 뭘 하셨겠습니까? 그 돈으로는 할 수 있는 게 아무것도 없지 않습니까?"

"돈은 만능이 아니야. 돈의 본질을 이해하려면 우선 그 환상에서 벗어나야 해. 1,000원을 밑천으로 생각하니까 사고가 좁아지는 거야. 아까 돈은 자네를 비추는 거울이라고 했네만, 그 반대는 성립이 안 돼. 즉 1,000원이 자네인 것도 아니고, 3억 원의 빚이 자네인 것도 아니야.

유명한 일화를 소개해주겠네. 한 대학에서 독특한 실습 수업을 했어. 5달러를 밑천으로 돈을 버는 방법에 대해 궁리해보는 시간이었지. 그러자 학생들은 머리를 짜내어 다양한 장사를 생각해냈어. 5달러로 폐품을 사 와서 재활용해 판다는 아이디어도 나왔고, 값싼 정비용품을 사서 자전거 관리 서비스를 제공하자는 의견도 나왔지.

하지만 가장 높은 매출을 올린 건 뭐였는지 아나? 바로 '5달러에 학생들의 시간을 판다'는 생각이었다네. 다음 수업을 시작하기 '5분 전의 시간'을 기업에 판 거야. 그 대학에는 우수한 학생이 많았기 때문에 기업들이 5달러에 그 5분을 사서 자사를 홍보할 수 있게 한 거지. 결국 '5달러짜리 물건'이라는 틀에 얽매이지 않은 학생들의 승리로 끝이 났다네.

보아하니, 자네는 아직 젊어. 그리고 남들이 겪지 못한 걸 경험한 것 같네만, 그 경험을 누군가에게 파는 건 어떻겠나?"

"실패한 사업가의 경험을 누가 산다는 겁니까?"

"그거야 그 경험을 밑천으로 책이라도 쓰면 되지 않겠나? 베스트셀러가 되면 인세가 들어올 것 아닌가? 실패한 경험은 소중하니까."

이 노인과 이야기를 나누고 있으면 이상하게도 모두 가능할 것만 같은 느낌이 든다. 하지만 곰곰이 생각해보면 그 아이디어는 아직 사용할 수 없다. 나 자신도 내가 실패한 원인을 알지 못하기 때문이다. 내 생각에 나는 단지 운이 나빴을 뿐이다. 어느 누가 운 없는 한 남자의 이야기를 좋아하겠는가?

"돈이 만능은 아니지. 하지만 돈을 다루는 방법을 바꾸면, 인생도 바꿀 수 있어.

나는 자네에게 신용과 돈에 대해 말하려던 참이었는데, 한 예로 금리를 들어보지. 하지만 그게 전부는 아니야. 우선 돈이 어떻게 성립되는지부터 말하는 편이 더 이해하기 쉬울 것 같네.

돈의 역사란 '신용의 역사'와도 같아. 경제가 처음 성립됐을 땐 사람들은 오직 물건만 믿었어. 이른바 '현물'이지. 눈앞의 물건과 물건을 교환함으로써 경제가 성립될 수 있었다네.

하지만 그것만으로는 경제가 잘 돌아가지 않는 상황이 생기기 시작했어.

경제에 시간관념이 들어갔기 때문이야. '지금 당장은 물건이 없지만, 기일까지 원하는 걸 마련해줄 테니 이걸로 교환해주시오. 기다려주는 만큼 얼마를 더 얹어주겠소.'

이런 대화가 정말 오갔는지는 모르겠지만, 실제로 교환하기까지 필요한 시간을, 선조들은 '약속'이라는 형태로 성립시켰어. 그리고 약속을 증명하는 '증거'가 발행됐다네. 그게 당시에는 문신 같은 형태였는지도 모르고, 끈 한 가닥이었는지도 모르지.

어쨌든, 이때가 바로 돈이 탄생하는 순간이라네! 물건

과 물건이 아니라, 물건과 신용이 처음으로 거래된 거야. 시간 개념 다음에는 지역 개념이 들어갔지. 경제 규모가 커지면서 마침내 어디서든 가치가 인정됨과 동시에 유통 비용이 낮은 '금화'가 발명됐어. 그리고 그것이 현대에 통용되는 '지폐'의 기원이 됐다네. 이처럼 시간을 거슬러 올라가면 돈은 곧 신용이 모습을 바꾼 것임을 알 수 있어. 국가는 그 수표에 이서(민법에서 채권 양도의 의사 표시를 증권의 뒷면에 기재하는 일)한 보증인에 불과하고.

그리고 약속을 지킨 사람은 더 큰 거래가 가능해졌어. 신용도가 높을수록 더 비싼 거래도 가능해지는 거지. 이게 뭘 의미하는지 알겠나?"

"신용이 생기면 돈이 생긴다는 겁니까?"

"맞아, 바로 그거야. 부자는 신용의 힘을 알고 있어. 그래서 반드시 약속을 지키려고 하고, 남의 믿음에 부응하려고 하지. 돈은 남으로부터 오는 거니까. 마침내 신용은 커다란 돈을 낳고, 그 사람이 가질 수 있는 돈의 크기도 자연히 커져. 그러면 또다시 신용도가 상승하는 구조인 거야.

사회에서 돈은 커다란 흐름과도 같아. 그 흐름을 힘껏 끌어당기려면 우선 신용을 얻는 게 중요해. 신용이 있으면 돈이 먼저 다가오지."

"그럼, 반대로 돈이 없는 사람은 신용도 없는 겁니까?"

"지금의 자네가 거기에 해당하는지는 모르겠네만, 돈이 없는 사람은 의심이 많아서 좀처럼 남을 믿지 않고 흠부터 찾으려고 하지. **남을 믿지 못하면 신용을 얻지 못하는데도 말이야. 자연히 돈은 그 사람을 피해서 돌아가게 되고.**"

"그렇지만 부자도 남을 믿었다가 속는 일이 있지 않습니까? 특히 돈이 있으면 세상 사기꾼들은 죄다 인심 좋은 부자를 찾아오기 마련입니다. 그래서 파산한 사람들도 적지 않고요. 어르신의 이야기는 저도 어디선가 들은 적이 있지만, 이상론처럼 들릴 뿐입니다."

"사물은 절대 한 면만으로 이루어져 있지 않아. 나는 아무나 믿으라고 하는 게 아니야.

신용도라는 건 그 사람의 인격에 비례한다고 보네.

가혹한 현실이지만 신뢰하는 사람, 신뢰받는 사람은 언제나 동일한 계층에 있어.

같은 의미로, 속이는 사람, 속는 사람도 마찬가지야. 자네는 뭘 근거로 사람을 믿나? 아직 내 이야기를 믿지 못하더라도 이것만은 기억해주게.

자네가 상대를 믿지 않으면, 상대도 자네를 믿지 않아. 신용이 돈으로 바뀌면, 믿어주는 상대가 있는 것만으로도 재산이 되지."

나는 지난날을 돌아보았다. 실패를 거듭한 지금, 내 신용도는 노인의 말대로 바닥일 것이다.

1년 전만 해도 나를 믿어주는 친구들이 있었지만, 나는 그들을 배신했다. 지난 1년간 온갖 곳에서 돈을 빌리고 더는 빌릴 곳이 없어지자 나는 친구들에게도 손을 뻗었다. 그들은 두말없이 돈을 빌려주었지만, 지금은 돌려줄 가망이 없어 그들을 볼 면목이 없다.

이처럼 나는 신용을 악용해왔다. 게다가 지금 나는 내 처지를 한탄하면서도 스스로 잘못한 것은 없다고 생각하며 주변을 원망하거나 삐딱하게만 바라보고 있다.

"결국 신용이 있어야 돈도 생기는 거야. 돈의 성립 과정을 봐도 그건 명백한 사실이고.

자네는 실패를 많이 겪은 것 같은데, 이제 누군가가 자네를 믿어주는 걸 포기할 텐가?"

나는 어떻게 대답해야 할지 난감했다.

"다른 사람이 저를 믿어주길 바라지만, 아마 어려울 겁니다. 저 자신도 지금의 저는 믿을 만한 인물이 못 된다고 보고요."

"아직은 괜찮아. **인생이 변하는 건 순식간이거든**. 나는 자네의 조커로서 이곳에 나타났어. 혹시 내가 한 말 중에 의문이 들었던 건 없나?"

나는 노인이 한 말들을 떠올렸다.

· 인간이 돈 때문에 저지르는 실수 중 대부분은 잘못된 타이밍과 선택으로 인해 일어난다.
· 사람마다 다룰 수 있는 돈의 크기가 다르다.
· 돈을 다루는 능력은 많이 다뤄봐야만 향상된다.
· 돈은 그 사람을 비추는 거울이다.
· 돈은 신용이 모습을 바꾼 것이다.

이 모든 말들은 나를 괴롭게 만들었다. 하지만 지금 나한테 딱히 도움이 될 만한 것은 없어 보인다. 애당초 빚더미에 앉은 남자가 뭘 할 수 있겠는가? 친구들도 이런 나를 더 이상은 믿어주지 않을 것이다.

나는 내가 잃은 것들이 얼마나 큰 것인지 생각하며 머리를 싸맸다. 내가 기댈 수 있는 사람은 이제 가족뿐이다. 그러나 빚은 아무리 시간이 오래 걸려도 나 혼자서 꾸준히 갚아가야 한다. 그 기나긴 여정을 생각하면 머리가 아찔하다.

"아뇨, 모두 이해했습니다."

"아까 부자는 약속을 반드시 지킨다고 했는데, 사실 나는 자네를 구원하러 왔다네."

"저를 구원한다고요? 그렇다면 빚을 대신 갚아주십시오. 하하, 그건 무리겠지요."

내가 가볍게 던진 말에 노인의 낯빛이 순간 어두워졌다. 그의 얼굴에서 조금 전까지 보았던 온화한 표정은 사라지고 없었다.

"자네는 내 말을 믿지 않나 보군."

"당연히 그럴 수밖에요. 느닷없이 낯선 사람이 나타나서 왜 저를 돕겠습니까? 믿으라고 하시는 게 더 무리입니다."

"내가 현금 3억 원이 든 가방을 갖고 있으면 믿을 텐가?"

"… 죄송합니다. 제 말이 언짢으셨다면 사과드립니다. 저도 어르신 말씀을 전혀 못 믿는 건 아니…."

"설령 내가 지금 자네에게 현금 3억 원을 줬다고 해보게. 그걸 자네는 어떻게 쓸 텐가? 분명 먼저 빚을 갚겠지. 하지만 그게 끝이 아니야. 어차피 똑같은 실패를 되풀이하게 되거든. 돈에 농락당하는 수많은 사람들이 걷는 길이지."

"아닙니다! 분명 다시 한 번 기회가 오면….

"기회가 오면, 뭔가?"

이 노인 앞에서 나는 큰소리를 칠 용기가 없었다. 솔직히 과거로 돌아가서 다시 시작한다 해도 결과는 마찬가지일 것 같다.

"어르신, 아니, 조커님이라고 부르면 됩니까? 그러면 지금부터 제 이야기를 들어주시지 않겠습니까? 제가 왜 지금 여기서 이렇게 방황하고 있는지, 조커님께 속 시원히 털어놓고 싶습니다."

광장 주변에서는 백화점의 장식용 전등이 반짝였다. 하늘은 이미 캄캄해졌지만, 그 불빛이 우리 두 사람을 밝게 비추고 있었다.

아직 이 노인의 정체를 제대로 알지는 못하지만 나는 지난 3년간 있었던 일을 털어놓기로 결심했다. 그러자 이상하게도 더 이상 추위가 느껴지지 않았다.

리스크

부자는 돈이 줄어드는 것을 두려워할까?

오후 7시.

조금 전까지만 해도 간간이 보였던 아이들이 사라지고, 어느새 주변은 퇴근하는 직장인들과 데이트를 즐기는 연인들로 넘쳐났다. 그러나 마치 떠들썩한 도시 속의 에어포켓에 들어온 것처럼, 우리 두 사람 사이에는 주위와는 전혀 다른 시간이 흐르고 있었다.

"저는 원래 지방 은행에 다니는 은행원으로 심사과 업무를 보았습니다. 고객들이 가지고 오는 사업계획서나 결산서를 보고 은행에서 얼마나 융자가 가능한지, 그리고 융자를 거절할지 말지를 심사하는 부서 말입니다."

"오호, 아주 훌륭한 곳에 있었구먼."

"하하, 이름은 그렇죠… 거의 온종일, 얼굴이 새파랗게 질려서 찾아오는 소규모 공장의 사장들을 상대했습니다. 그들은 팔리지도 않는 재고를 끌어안고 이러지도 저러지도 못한 채 저희를 찾아와서는 울며불며 매달렸죠. 그걸 처리하는 게 제 일이었고요.

그런데 그들 대부분은 생각이 있는 건지 없는 건지, 회사가 벼랑 끝에 있는데도 은행에 벤츠를 타고 오는 겁니다. 물론 경기가 좋을 때 산 것이겠지만요. 그래도 여전히 잘나가던 시절에 머물러 허우적거리면서 돈을 빌려달라고 하는 꼴이라니… 아무튼 그들은 돈을 어떻게 쓸지 전혀 모르고 있었습니다."

"돈을 어떻게 쓸지 전혀 몰랐다고…."

"네. 사실 저희 은행 내에서도 회수하러 다니는 사람들이 더 곤란했을 겁니다. 그 사람들한테 욕을 많이 먹었거든요. 왜 이런 안건을 받아줬냐는 거죠. 그러나 반제(빌린 돈을 모두 다 갚는 것)를 못 하게 되어서 회수가 불가능해진 안건에 대해서는 담당자는 물론, 심사과도 책임을 져야 했습니다.

그러다 보니 처음에는 사업계획서를 꼼꼼히 읽고 융자 심사를 했는데, 점점 '담보 물건'과 '연대 보증인' 부분만

보게 되더군요. 선배들도 그렇게 했고요. 결국 은행이란 곳은 사업자에게 돈을 빌려줘서 금리를 받지 못하면 장사가 안되니까요.

점차 업무 내용이나 장래성을 세심하게 고려하기보다 담보 가치를 보고 거기에 맞는 금액을 빌려주기만 하는, 단순 작업이 되어갔습니다. 사실 회수를 생각하면 그게 가장 합리적이었죠. 그런데 그렇게 일을 하다 보니 보람 같은 건 순식간에 사라져버리더군요.

혹시 예대율이라고 아십니까? '고객의 돈을 얼마나 맡아서 사업자에게 얼마나 빌려주느냐'를 보여주는 비율인데, 저희 은행 예대율은 50퍼센트였습니다. 즉, 금융상품을 팔아서 절반밖에 빌려주지 않았던 거죠. 다시 말해, 맡은 돈을 사업자에게 빌려주지 않고 부지런히 국채를 매입해서 나라의 빚을 늘리는 데 보태고 있었던 겁니다.

저희는 회수를 못 하게 될까 봐 두려워서 아무리 장래성이 있더라도 담보 물건이나 보증인을 갖추지 못하면 융자를 거절했습니다."

"은행 업무는 본래 세상에 도움이 되는 일이지. 이를테면 주유소 같다고나 할까? 은행은 기름이 떨어지려는 기업에 기름을 주입해서 달리게 만들어. 주유소와 다른 점은 가득 채운다고 꼭 좋은 건 아니라는 거야. 너무 많거나 적어도 안 돼. 엔진 회전수가 최상이 되게끔 주의를 기울이면서 주유해야 하거든. 게다가 운전을 처음 시작하는 초보 운전자의 차나 고장 날 것 같은 차의 경우에는 주유할 때 더더욱 주의가 필요하지.

따라서 자네는 그 운전자가 사고를 내지 않게 자동차에 잘못된 건 없는지 판단하는, 자동차 정비사 같은 역할을 한 거라네."

나는 은행 업무를 주유소의 일에 비유한 노인의 말에 괜스레 웃음이 났다.

"그런데… 자네는 왜 은행에 들어갔나?"

"월급을 많이 준다고 생각했거든요. 어릴 때 저희 집은 경제적으로 여유가 별로 없었습니다. 대학도 장학금을 못 받으면 다니기 힘들었고요. 더 이상은 돈 때문에 고생하고 싶지 않았습니다."

"그럼, 은행에서 자네에 대한 평가는 어땠나?"

"저희 부서는 개인이 꼭 달성해야 하는 실적 같은 것은 없었기에 정확히는 모르겠지만, 그저 그랬을 겁니다. 회수를 못 하는 융자 안건은 거의 없었지만, 3년쯤 지나 업무에 익숙해지기 시작하면서 점점 하는 일에 불만이 늘어났죠. 일하면서 보내는 시간이 아주 시시하게 느껴졌거든요.

저는 학창 시절부터 착실하게 공부를 해서 성적을 올리는 타입이었습니다. 그래서 은행원 일이 적성에 맞았는지도 모르지만, 뭔가 석연찮은 구석이 있었습니다.

물론 돈을 다루는 직업이다 보니 세상의 불합리한 구조에 대해서는 뼈저리게 깨우칠 수 있었죠. 아시다시피 세상은 부자와 빈자를 다르게 대접합니다. 저는 부자 측에 끼고 싶었습니다. 은행원은 부자 측에 가깝다고 생각하기 쉽지만, 기껏해야 부자들의 심부름꾼 수준이거든요.

물론 은행은 다른 업종에 비해 월급이 높은 편이지만, 늘 상대하는 중소기업 사장들이 저보다 더 많이 번다는 사실을 알았을 때에는 속이 부글부글 끓기도 했습니다. 돈이 없어지면 낯빛이 바뀌어 우리한테 뛰어오던 사람들도 장사가 잘되면 순식간에 여유로워지더군요.

그들을 보면서 '기회만 온다면, 분명 내가 더 잘할 수 있겠다'는 생각이 들었습니다."

"자신감이 대단했군."

"물론 그 사람들이 상당한 리스크를 짊어지고 있다는 것 정도는 알고 있었습니다. 그래도 그들의 방식에는 결점이 매우 많았어요. 제 위치에서는 손바닥을 들여다보듯이 훤히 알 수 있었거든요."

그때 노인의 휴대전화가 다시 울렸다. 하지만 그는 역시나 전화를 받으려 하지 않았다.

"괜찮아. 얘기를 계속하게. 아니, 그전에… 자네는 '리스크'가 뭐라고 생각하나?"

"대박이 날 수도 있지만, 쪽박을 찰지도 모르는 선택을 하는, 그런 상황이죠."

"아니, 진짜 리스크는 그게 전부가 아니야. 아무튼, 됐다네."

나는 뭐라고 대꾸해야 할지 몰라 그냥 하던 이야기를 계속했다.

"그 무렵 저는 엄청나게 많은 책을 읽었습니다. 성공한 실업가가 쓴 경영서나 자기계발서 같은 거요. IT업계에서 성공한 실업가의 책부터 포장마차로 시작해, 자기 대에 성공을 이룬 사람의 책까지 다 섭렵했죠.

하지만 별로 도움이 되지는 않더군요. 모든 책이 결국

하는 소리는 다 같았죠. '무조건 빨리 시작해야 한다!'"

"성공한 실업가들이 하는 말 중에 틀린 건 없어."

"그리고 하나 더! 그들이 공통으로 말하는 성공 비결에는 '좋아하는 일을 해야 한다'는 것이 있었습니다. 하지만 저한테는 시간 가는 줄 모르게 빠져들 만큼 좋아하는 일은 없었습니다.

그래서 저는 취직하고 중견 사원이 될 때까지, 속으로는 독립해서 성공하는 걸 꿈꾸면서도 현실에서는 아무것도 이루지 못한 채 하루하루 불만만 품고 지냈죠. 여느 평범한 월급쟁이들과 다를 바 없이 말입니다."

"좋아하는 걸 하라는 건, 사업을 시작하면 생활이 온통 그것 중심이 되기 때문이야. 정말 좋아하지 않으면 해나갈 수 없거든. 하지만 자네는 좋아하는 걸 이미 직업으로 연결한 것 같은데?"

"뭘 말입니까?"

"돈 말이야. 돈이 좋아서 은행에서 근무한 것 아닌가?"

"하하, 그렇긴 하네요. 아까 말씀을 못 드렸는데, 저희 아버지는 평범한 회사원이었지만 제가 고등학생일 때 구조조정으로 실직하셨습니다. 그 후 재취업하셨지만, 수입이 줄어서 형편이 많이 어려워졌죠.

사실 저는 도시로 진학해서 혼자 살고 싶었지만, 결국 고향에 있는 국립대학에 들어갔습니다. 집에서 두 시간 걸리는 이 동네까지 통학한 겁니다.

그래서 남들보다 돈에 더 집착했는지도 모릅니다. 대학 시절부터 가능하면 남보다 더 많이 벌고 싶다는 생각으로 가득했으니까요."

노인은 거기까지 듣더니, 나에게 질문을 던졌다.

"내 인생에도 돈은 중요한 의미가 있어. 나는 내 삶의 대부분을 돈의 성질을 알기 위해 썼다고 해도 과언이 아닐세.

아까 하려던 말인데, 사물에는 두 가지 면이 있다는 걸 꼭 기억하게. 모든 것에 해당하는 말이지. 물론 돈이라고 해서 예외는 아니야. 안과 밖, 에이스와 조커. 사람들은 한 면만 보려 하는 경향이 강하지만, 이처럼 그 이면에는 반대되는 요소도 있기 마련이지.

돈이 지닌 서로 다른 이면의 의미를 정확히 알면, 자네는 반드시 재기에 성공할 거야.

자네 아버지는 불행히도 실직하셨어. 그로 인해 자네는 돈에 대해 진지하게 생각하게 됐고. 돈에 대해 생각하는 건 결코 나쁜 건 아니야.

그렇다면 다시 묻겠네. 부자가 생각하는 진짜 리스크는 뭐라고 보는가?"

"음, 뭘까요? 돈을 잃는 걸까요?"

"아니, 오히려 그 반대야. **부자가 두려워하는 건 '돈이 늘지 않는 리스크'라네.** 성공한 사람들이 하는 말은 언제나 똑같아. '무조건 해라', '좋아하는 걸 해라', 이건 하나의 진실이지. 하지만 이 말들은 사물의 한 면만을 말하고 있어.

스스로 부를 일군 부자들은 한 가지 공통된 사고를 하고 있다네. 인생은 영원하지 않아. 그리고 인생에서 행운이란 건 손에 꼽힐 정도로만 와.

따라서 한정된 기회를 자기의 것으로 만들려면 배트를 많이 휘둘러야 해.

물론 때로는 크게 헛스윙을 할 때도 있을 거야. 많은 사람은 바로 이 헛스윙이 무서워서 가만히 있지. 하지만 성공하는 사람들은 배트를 많이 휘둘러야 볼을 맞힐 수 있다는 걸 본능적으로 알아.

'배트를 휘두르면 경험이 되고, 마침내 홈런을 치는 방법을 익히면 행운을 얻으며 홈런을 날린다.'

그게 바로 그들의 공통된 생각이야.

예를 들면, 250개의 제비 중 한 개만이 10억 원짜리 당첨 제비인 게임을 생각해보게. 그런데 조건이 있어. 제비를 한 개씩 뽑을 때마다 1,000만 원을 내야 하지.

이때 보통 사람들은 어떻게 생각할 것 같나?

'당첨될 확률은 250분의 1이니까, 그처럼 무모한 건 안 하는 게 좋겠어.'

하지만 돈을 얻으려면 이런 발상이 필요하지.

'250번 연속으로 뽑으면 언젠가는 반드시 당첨된다!'

물론 250번을 연달아 뽑으면 설령 당첨되더라도 적자가 날 거야.

하지만 누구나 제비뽑기에서 100번 이내에 당첨 제비를 뽑을 정도의 행운은 가지고 있다네."

순진할 정도로 긍정적인 노인의 사고방식에 나는 비아
냥거리고 싶은 충동이 일었다.

"성공한 사람들은 실제로 당첨 제비를 뽑았으니까 그렇
게 생각하는 겁니다."

"아니야. 이러한 사고의 이면에는 한 가지 생각이 더 들
어 있어. 도전이 늦어지면 실패를 만회할 기회가 적어진
다는 거야. 즉, 나이가 든 뒤에는 부자가 될 기회가 점점
줄어들어. 그래서 젊은이들에게만 허용된 유명한 표현이
있잖은가.

'우리에게는 실패할 권리가 있다.'"

"맞습니다. 은행원으로 살던 시기에 저는 새로운 일을
시작할 계기가 저절로 생기기만을 바라고, 제가 그 기회
를 만들려고 하지는 않았던 것 같습니다. 결국 아무것도
하지 못한 채 8년이라는 세월이 흘렀고요.

그렇게 은행원으로 경력을 쌓고, 결혼도 하고, 아이까지
생겨 안정된 생활을 보내던 어느 날, 저는 오랜만에 한 친
구를 만나게 됐습니다."

2장

부자의 고백

"사람들이 두려워하는 건 실패가 아니라 돈이라네."

기회

무엇을 하느냐보다 누구와 하느냐를 따진다

차체 옆이 온통 광고로 뒤덮인 트럭 한 대가 요란한 소리를 내며 지나갔다. 저 멀리선 한 달 전에 발표된 유행가가 들려온다. 아직도 길가에 오가는 사람들이 많이 있는 걸 보니 새삼 내가 번화가 한복판에 있다는 사실이 실감났다.

하지만 나와 노인, 둘 중에 아무도 '이야기가 길어질 것 같으니 찻집에 들어가자'는 말을 꺼내지 않았다. 나는 돈이 없으니 당연하지만, 노인은 왜 계속 밖에만 있으려 하는 걸까? 노인이 감기라도 걸릴까 봐 걱정됐지만, 그는 전혀 추운 기색도 없이 나와 마주하고 있었다.

분명 노인도 나름 어떤 연유로 이곳에 와 있는 듯했다. 나한테 일어난 일들을 모두 털어놓아야 하나 말아야 하나 계속 고민이 되기도 했지만, 결국엔 솔직히 이야기하기로 결심했다.

"그 친구의 이름은 오타니 유이치로로, 저와는 중고등학교 시절 동창입니다. 아무튼 잘난 친구였죠. 학교 성적도 언제나 1등인 데다 운동도 잘해서 농구부 주장으로 현(縣) 대회에 나가기도 했습니다.

저는 오타니 때문에 시험에서 단 한 번도 일등을 못 해 봤고요. 운동 신경도 그저 그래서 늘 그 친구의 등만 바라봐야 했습니다. 그래서 솔직히 학창 시절에는 사이가 썩 좋지 않았습니다."

"이 현에 있는 학교인가?"

"네. ○○시에 있습니다."

"흠, 산에 둘러싸여 한적하니 좋은 곳이로구먼."

"아, 아시는 곳입니까? 그럼 제 말이 더 이해가 잘 되시겠네요. 고등학교 때 버스로 두 시간씩이나 걸리는 이곳까지 와서 학원에 다녔거든요.

그러다 아버지가 실직하신 뒤로는 집에서 혼자 공부했는데, 결국 그 친구를 한 번도 이기지 못했고요.

아, 딱 한 번 기회가 있었는데, 그건 오타니가 여름방학

때 현 대회에 나가고 개학을 한 후에 본 중간고사 때였습니다. 하지만 그때도 저는 간발의 차이로 그 친구를 이기지 못했죠."

"학교 시험이 전부는 아니야."

"사회인이 된 지금은 그걸 압니다. 하지만 그때는 오타니와 저의 처지를 비교하면서 세상이 너무 불공평하다고 생각했습니다.

졸업한 뒤, 그 친구는 저와 달리 도시에 있는 유명 사립대학에 진학했고요. 저는 이 현에 남게 됐죠."

노인은 내 이야기를 잠자코 듣고 있었다.

"그런데 오타니는 이곳을 떠나기 전에 저한테 이런 말을 하더군요.

'에이스케, 네가 있어서 나도 열심히 살 수 있었어. 풍요롭고 한가로운 이 지방에서는 너처럼 죽을힘을 다해 열심히 하는 녀석이 좋은 평가를 받기 어려워. 하지만 꾸준히 노력하는 건 중요하다고 생각해.

만약 네가 없었다면 열심히 공부하지 않았을 거야. 공부는 잘해도 딱히 인기가 안 생기니까. 넌 내 라이벌이었어.'

그러면서 오타니는 저를 치켜세웠습니다. 저는 그 친구

의 속내를 알고 깜짝 놀랐습니다. 제가 뭐라고 대꾸했는지는 기억이 잘 안 나네요. 그래도 아주 기뻤던 것만은 분명합니다.

그 뒤, 풍문으로 오타니가 미국 유학을 갔다는 소식을 들었습니다."

그 이야기를 꺼내는 것이 그다지 기분 좋은 일은 아니었지만, 나를 응시하는 노인의 눈동자는 입을 열게 만드는 힘이 있었다.

"그 무렵 저는 취업 준비로 한창 바빴는데, 그 친구라면 분명 저와 달리 화려한 길을 걸어갈 거라고 생각했습니다. 그때 오타니는 이미 질투나 부러움을 초월한 존재가 되어버린 거죠.

그런데 3년 전, 그 친구를 다시 만나게 된 겁니다. 우연, 아니, 저는 우연이라고 생각했지만 그 친구는 분명 저를 찾았다고 했습니다.

오타니는 학창 시절과 별반 다르지 않는 환한 미소로 저를 맞았습니다. 직장 근처 오픈테라스가 있는 카페에서 만나 고등학교 시절 에피소드로 한차례 이야기꽃을 피웠죠. 그리고 이야기가 어느 정도 일단락되자 그 친구가 불현듯 묻더군요."

"에이스케, 하는 일은 어떠냐?"

"그냥 그렇지, 뭐. 그래도 자식이 있으니까 그 애가 커
가는 걸 보는 게 삶의 낙이라고나 할까?"

"그렇구나⋯. 갑작스러운 말이긴 한데, 너 혹시 내가 하
는 일 좀 도와줄 생각 없냐?"

"무슨 일을 하는데? 아마 창업 컨설턴트겠지? 난 그쪽
에 대해 전혀 몰라. 아니면, 지금 내 월급보다 두 배 줄래?
하하, 그럼 한번 생각해볼게."

"지금 너 연봉이 얼만데?"

바로 본론으로 들어가는 오타니의 말투나 태도는 고등
학교 때와 똑같더군요. 미국에서 돌아온 뒤, 그런 특유의
성격이 한층 더 자연스러워진 것 같기도 했고요.

"어라, 이것 봐라. 완전 대놓고 묻네. 정신 차려. 여긴 미
국이 아니야."

"하하, 중국이든 유럽이든 똑같이 물었을 거야."

"뭐, 너니까 솔직히 대답할게. 6,500만 원. 아직 나는 젊은 축이라서 그 정도지. 위쪽 양반들은 더 받고 있을 거야."

"음…. 그 정도면 꽤 괜찮은 거 아냐?"

급여가 나쁘지는 않지만, 은행에는 의외로 퇴직하는 사람들이 많습니다. 우수하고 능력이 뛰어난 은행원일수록 젊을 때 이직이나 독립을 하거든요. 그 사람들은 대개 외자계 투자은행 등으로 이직을 합니다.

하지만 특별히 우수하지도 않고 멍하니 그저 업무만 보고 있다가 서른 넘어서까지 은행에 있는 사람들도 무사하지는 않아요. 실적이 신통찮은 행원은 일반기업으로 보내지기도 하죠.

이처럼 은행에는 승진할 자리가 많지 않다 보니 일정 연령이 되면 자동으로 은행에 남을지 다른 곳으로 옮길지가 결정됩니다.

치열한 출세 경쟁을 해야 한다는 점에서는 다른 일반기업보다 가혹하다고 할 수도 있습니다. 제가 근무했던 은행도 예외 없이 거의 절반쯤 되는 동기들이 이미 퇴직했고요.

그렇게 이직자가 절반, 독립한 사람이 절반. 독립해서 사업을 시작한 사람 중에는 성공한 케이스도 있었습니다.

"네 일을 도와달라니, 이직을 하라는 거냐?"

"아니, 같이 사업을 하자는 거야. 각자 투자해서 해보지 않을래?"

오타니가 꺼낸 이야기는 하나부터 열까지 모두 놀라웠습니다.

"뭐? 주먹밥 가게?"

왜 하필 주먹밥 가게인지 그 이유를 물었더니, 이렇게 대답하더군요.

"장차 미국에서 해보려는 비즈니스야."

오타니는 미국에서 일본 음식이 얼마나 좋은 평가를 받는지 몸소 실감했다고 했습니다. 그 친구가 유학했던 미국의 시골에도 일본 음식점이 여럿 있었던 겁니다. 물론 맛은 도저히 일본 음식이라고 할 수 없었다고 하지만요.

일본 음식의 이미지는 역시 '건강식'이라고 했습니다. 건강에 관심이 많은 부유층 사람들은 늘 유기농 채소로 요리한 음식을 원했고, 그래서 일본 음식점은 언제나 손님들로 북적였다고 합니다.

미국이라는 나라는 신기하게도 누구나 적은 돈으로 배부르게 먹을 수 있다고 하더군요. 하지만 그건 고칼로리인 데다 맛도 자극적인 정크푸드에나 해당하는 이야기이고요. 반대로 소박한 저칼로리 식사는 오히려 비싸게 지불해야 먹을 수 있다고 했습니다. 오타니는 이처럼 미국에서 실제로 보고 느꼈던 것들을 저한테 상세히 말해주었습니다.

"최종 목표는 미국에서 일본 주먹밥을 파는 거야. 그런데 그전에 일본에서 주먹밥 가게로 성공해보려고. 그리고 거기에서 얻은 성공 노하우를 가지고 프랜차이즈를 운영할 생각이야."

그의 열정적인 말투에 저는 점점 빠져들었습니다.

"하지만 주먹밥은 한 개에 고작 1,000원 정도 하잖아. 이익이 날까?"

"나는 창업 컨설턴트야. 창업하는 사람들은 대부분 요식업에 종사하고. 그 이유가 뭔지 알아?"

"뭔데?"

"이유는 두 가지야. 첫째는 진입 장벽이 아주 낮다는

점, 둘째는 현금 장사라서 현금 흐름에서 어려움을 겪을 일이 별로 없다는 점. 사업을 하면서 운전자금(임금, 원자재비 등 기업이 영업활동을 하는 데 필수적인 경영자료)이 적다는 건 꽤 중요하니까."

"그렇지만 진입 장벽이 낮다는 건 경쟁이 심하다는 거잖아. 그래도 승산이 있다는 말인가?"

"잘 들어. 먹는장사라는 건, 한 번 궤도에 오르면 상승폭도 커. 왜인지 알아? 비용이 낮기 때문이야.

진입 장벽이 낮아서 경쟁이 심하다는 네 말은 맞아. 하지만 그전에 다른 비즈니스에는 선행 투자분이 있다는 걸 잊으면 안 돼. 우리가 하려는 사업은 수억 원이나 하는 커다란 기계를 살 필요도 없을뿐더러, 처음부터 손님들을 갖고 있을 필요도 없어.

이를테면, 우리의 손님은 '이 세상 모든 사람'인 셈이야. 그런 의미에서 총수요는 안정되어 있어.

생각해봐. 밥을 안 먹는 사람은 없고, 또 대부분 하루에 세 끼를 먹어. 그 세 번 중 한 번이라도 우리가 파는 주먹밥을 먹게 하는 건 아주 어렵지는 않아.

하지만 네가 지적한 것처럼, '1,000원 정도로 이익이 날까?' 하는 의문은 들겠지. 그럼, 내가 방금 얘기한 미국의 일본 음식점 이야기를 떠올려봐. 그 일본 음식점의 음식 맛은 평범했지만 다른 음식점에는 없는 게 있었어."

"뭔데?"

"브랜드! 일본 음식에는 '건강하고 맛있다'라는 브랜드가 있거든. 그 브랜드가 없으면 아무도 맛이 평범한 그 일본 음식점을 쳐다보지도 않겠지.

내가 목표로 하는 게 바로 그거야. 고객이 브랜드의 가치를 발견하면, 우리는 비용의 몇 배나 가격을 높게 해서 팔 수가 있어. 그렇게 해서 큰 이익을 얻는 거야.

왜 일본에서 프랑스 음식이 비싼지 알아? 같은 유럽권에 있는 이탈리아 음식이나 스페인 음식에 사용하는 재료와 별반 다르지 않은데도 더 높은 가격을 설정할 수 있는건, 역시 프랑스 음식이 가진 브랜드의 힘 때문이야.

흠, 세상에는 프랑스 음식의 가치를 인정하고 더 많은 돈을 지불하겠다고 하는 사람들이 많이 존재한다고 말하는 편이 더 이해하기 쉬울지도 모르겠다.

어쨌든 요식업 비즈니스를 하면 가장 낮은 투자금으로 브랜드 장사를 할 수 있어. 옷이나 가전제품을 팔 때처럼 큰 공장은 필요 없으니까.

필요한 거라곤 '냄비와 가마', '요리 솜씨', '콘셉트', 이렇게 세 가지야."

"요리 솜씨는? 설마 지금부터 갈고닦자는 건 아니겠지?"

"그건 생각해둔 게 있어. 걱정 안 해도 최고의 인재가 확보될 거야. 그리고 내가 일본 음식 중에서도 주먹밥을 고른 건 한 번 레시피를 만들어서 매뉴얼화해두면, 회전 초밥 체인점처럼 실제로는 요리사가 많이 필요 없거든. 내가 지금 염두에 두고 있는 그 사람 한 명만으로도 충분할 거야.

나는 이 장사가 분명 미국에서도 성공할 거라고 확신해. 오히려 일본에서 고급 주먹밥 장사를 하는 게 더 어려울걸?

그리고 나는 수많은 창업가를 보면서 비즈니스의 성공 비결이 뭔지 알았어."

"그게 뭔데?"

"'무엇을 하느냐'보다 '누구와 하느냐'가 더 중요하다는 거야.

비즈니스 파트너로서, 나는 너를 택하고 싶어."

그러고 나서 오타니는 열정적으로 이 비즈니스에 대한 자신의 각오와 승산, 그리고 저를 선택한 이유 등을 늘어놓았습니다. 그의 말을 듣고 있자니 기분이 한층 고양되더군요. 물론 칭찬을 받아서 기분 나쁠 사람은 없겠지만요.

그는 곧바로 덧붙였습니다.

"다시 말해, 나는 이기기 위해서 너한테 제의를 한 거야."

"그건 '은행원인 나'라는 뜻인지, 아니면…."

오타니는 짐짓 무게를 잡다가 충분히 뜸을 들인 뒤, 대답했습니다.

"'노력파인 비즈니스 파트너'라는 뜻이지."

"알았어. 네가 즉흥적으로 꺼낸 말이 아닌 건 알겠어.

난 이전부터 그런 생각을 해왔어. 네가 뭔가를 한다면 반드시 성공할 거라고 말이야. 너는 그런 운을 타고난 것 같거든. 하지만 솔직히 나는 생각할 시간이 좀 필요해."

"그런데 에이스케. 내가 딱 한 번 너한테 시험에서 질 뻔했는데, 기억나?"

"그럼, 기억하지. 2학년 가을이었잖아. 넌 농구부에서 연습하느라고 여름방학 내내 지쳐 있었을 때였지. 나한테는 너를 이길 절호의 기회였고."

"맞아. 그때 나는 시험 준비를 거의 못 해서 너한테 질지도 모른다고 생각했어."

"그렇지만 너는 나한테 이겼잖아."

"하하하, 이제 시간이 지났으니까 솔직히 말하는데 그때 진짜 내 실력으로 봤다면 아마 네가 이겼을 거야."

"뭐? 그게 무슨 말이야? 부정행위라도 한 거야?"

"하하하, 그래. 옛날부터 요령은 좋았으니까."

이상하게 저는 그 말에도 화가 나지 않았습니다. 오히려 저한테 없는 면을 가진 그 친구가 더더욱 믿음직스럽게 느껴졌죠.

아직 오타니에게 확답을 주지는 않았지만 제 마음은 이미 정해진 것과 다름없었습니다.

부채

빚만큼 돈을 배우는 데 좋은 교재는 없다

노인은 도무지 알 수 없는 표정으로 내 이야기에 귀를
기울이고 있었다.

만약 이 노인이 당시의 나를 봤다면 뭐라고 했을까? 오
타니라는, 말주변 좋은 남자의 말에 넘어가려는 나를 제
지했을까?

사실 그건 아무도 모른다. 당시 나는 마침내 기회가 찾
아왔다는 확신으로 가득 찼었으니까. 그것은 분명 은행에
서 지루한 일을 견디며 오랫동안 기다려온 기회가 틀림없
었다.

이제 근처에 있는 큰 회사의 퇴근 시간이 온 걸까? 비슷
한 복장을 한 직장인 무리가 일제히 우리 앞을 지나쳐 역
으로 향하고 있었다.

거리는 어느새 어두워져 모든 사람이 검게 보였다. 그들은 한결같이 수수한 톤의 양복을 입고 있어, 요컨대 '검은 양복 군단'과 같은 인상을 주었다.

하지만 그들에게도 각기 돌아갈 집이 있고 가족이 있다는 사실을 떠올리자, 비현실적인 느낌은 허공으로 사라져버렸다.

곧이어 초등학생 정도 되어 보이는 여자아이가 엄마와 함께 백화점에서 나왔다. 새로 산 치마가 아주 마음에 드는지 광장 근처에서 몇 번이나 빙그르르 돌면서 치마가 하늘거리는 모습을 즐기고 있었다.

엄마도 그 모습을 보며 만족스러워하는 듯했지만, 갈 길이 바쁜지 여자아이의 손을 끌고 서둘러 자리를 떴다.

그 아이가 근처에 있는 동안 나도 모르게 이야기를 중단하고 말았다. 노인도 아무 말이 없었던 것을 보면 나와 똑같은 기분을 느꼈던 모양이다.

시야에서 그 아이가 사라지자, 나는 마음 한편이 매우 쓸쓸해졌다. 우리는 여자아이가 남긴 여운을 간직한 채, 곧 이야기를 재개했다.

"저는 이미 마음을 거의 굳혔다고 생각했지만, 역시나

가장 큰 걱정은 식구들이더군요. 7년 전에 결혼해서 사랑
스러운 딸도 하나 있었죠."

"자네가 벌어서 식솔들을 먹여 살리고 있었던 거구먼."

"네, 아내는 출산하면서 직장을 그만둔 전업주부였습니
다. 애가 크면 다시 일을 할 수도 있었지만, 애가 몸이 약
하다 보니 직접 돌봐야 해서 집에 있게 됐죠.

그러니 실패라도 하면 아내와 아이를 오갈 데 없이 만
들 수도 있는 상황이었습니다. 그래서 은행을 그만두는
게 망설여졌고요."

"음, 그건 다 생각하기 나름이야. 은행을 계속 다니면
안정되긴 하지만, 은행원이 안정된 직업이 아닌 건 많은
사람이 알고 있어.

특히 남자들은 식구들 덕에 힘을 낼 수 있지. 꼭 은행원
이 아니더라도, 자네가 노력만 한다면 무얼 하든 잘되는
법이야."

"하지만 식구들이 부담을 더 지게 될까 봐 걱정됐기 때
문에 저는 오타니에게 조건을 걸었습니다."

"어떤 조건 말인가?"

"대출 없이 시작하는 겁니다."

"대출 없이 시작했다면 자기자금을 상당히 출자했다는 건데?"

"네, 각자 5,000만 원씩 냈습니다."

노인은 관자놀이 근처를 긁적이더니 나지막한 음성으로 천천히 말했다.

"그렇다면 자네는 빚 없이 시작하면 안심할 수 있다고 생각했던 거로구먼. 물론 생각처럼 안 된 것 같네만."

"…."

"빚이라는 건 정말 신기하단 말이지. 사람에 따라서는 계속 얻는 편이 좋다는 사람도 있고, 빚이라면 무조건 싫다는 사람도 있어. 그런데 말일세.

사람들은 회사가 문을 닫거나 개인이 자기 파산하는 원인이 '빚 때문'이라고 생각하지만, 사실은 수중에 '돈이 없어지기 때문'이야.

사실 이는 경영하는 사람에게는 당연한 말이야.

그런데 보통 사람들은 실패를 빚 탓으로 돌리고 생각을 멈추지. 빚을 진 것 자체를 나쁘다고 생각하거든.

그러나 실제로는 빚 덕분에 도산을 면하는 회사도 아주 많이 존재한다네.

특히 일본인은 빚을 싫어한 나머지 '돈의 성질'에 대해 배울 기회까지 잃고 있어. **빚만큼 돈을 배우는 데 좋은 교재는 없는데도 말이야.**"

"빚을 잘 지면 좋은 경영자라고들 하지요. 저한테는 무리였지만⋯."

"그렇게 비관하지는 말게. 아까 말했잖나. 될 때까지 배트를 휘두르는 경험이 중요하다고.

자네는 한때 경영자였으니, 빚에 대해 어떻게 생각하는지 말해주겠나?"

"네, 매달 지불해야 하는 부채라고 생각합니다. 대차대조표상에서는 대변(우측) 부분, 장부상으로는 매달 일정한 지출액이 되는 부분이지요."

"맞는 말이야. 그리고 빚이라는 말을 떠올리면 '금리'도 떠오를 거야. 내가 맨 처음 자네에게 말하려고 했던 것도 금리였다네.

내가 돈에 대해 배우기 시작했을 때, 즉 사회인이 되고 나서 처음 부닥친 의문이 바로 이 금리였어.

자네도 궁금하지 않나? 애당초 왜 금리라는 것이 존재하는지?

이에 대해 내가 존경하는 한 경영자는 이렇게 말했다네.

'빚은 결코 나쁜 게 아니다. 부채와 금리를 잘만 다루면 오히려 경영에 많은 도움이 된다. 부채 금액은 균형을 보고 정하고, 금리는 그 돈을 조달하기 위한 비용이라고 생각하면 가장 합리적이다.'

그 뒤, 회계학을 공부하면서 '금리가 곧 비용'이라는 사고방식이 아주 타당하다는 걸 알았어.

다시 말해, 부채는 재료, 금리는 조달 비용이라고 생각하는 거지.

이건 회계나 경영을 하는 사람에게 있는 공통된 사고방식이야."

"조금 고차원적인 생각이네요. 저는 그런 식으로 부채와 금리를 다뤄본 적이 없습니다. 은행에서 사람들에게 돈을 빌려주는 장사를 했는데도 실제로 제가 빚을 졌을 때는 너무 불안하더라고요.

역시 빚은 부채, 그리고 금리는 돈을 빌려준 것에 대한 사례금과 같다고 생각했습니다."

"예를 들어, 자네가 회사를 경영하면서 1억 원을 빌렸는데 연간 300만 원의 금리를 내야 한다고 생각해보게. 그리고 이 300만 원은 늘지도 않을뿐더러 줄지도 않아.

사실 매년 300만 원을 계속 지불하면 1억 원은 갚지 않아도 돼.

1억 원을 빌림으로써 발생하는 연간 비용은 300만 원이지만, 이걸 비싸다고 볼지 싸다고 볼지에 대해서는 사람마다 생각이 달라.

도산을 면하기 위해서 매년 300만 원을 지불하고 현금 준비금을 없애지 않기 위해서 돈을 빌려두는 건 여느 회사라면 모두 하는 일이야."

"하지만 그 1억 원은 언젠가 갚아야 하는 돈 아닙니까? 그렇다면 지불한 금리는 헛되게 쓴 게 됩니다. 빨리 갚지 않으면 그렇게 헛되이 지불하는 돈은 계속 증가할 거고요."

"하지만 이 1억 원이 자금 부족을 막기 위해 빌리고 있는 돈이라면, 이건 '보험'과도 같다고 볼 수 있지. 절대 헛된 게 아닐세. 이때는 금리를 회사가 도산하지 않도록 하기 위한, 환급되지 않는 보험료라 생각할 수도 있어.

요컨대 시점에 따라 빚은 다양한 형태로 변한다는 거지."

"1억 원을 위해 준비해야 하는 비용이 연간 300만 원이라면 싼 걸 수도 있겠지만, 저에 대한 금리가 이렇게 쌀리는 없잖습니까?

아까 어르신에게서 100원을 빌렸을 때 금리가 20퍼센트라 하셨죠. 그렇다면 제가 1억 원을 빌림으로써 발생하는 비용은 연간 2,000만 원입니다. 이건 얼마든지 회사를 닫게 할 수도 있는 금액입니다."

"그렇지. 신용이 돈을 낳는다는 건 빚에도 해당된다네.

예를 들면, 자네의 말처럼 A회사에서는 300만 원만 들이면 될 것을, B회사에서는 2,000만 원이나 들여야 할 때가 있어.

여기서 차액 1,700만 원이 의미하는 바는 무엇일까? 바로 A회사의 입장에서는 '신용이 낳은 돈'이 되는 셈이지.

그래서 금리를 다루는 일이 어렵다는 거야. 자네처럼 1억 원을 준비하는 데 2,000만 원의 비용이 든다면, 회사가 어떻게 버티겠나."

"300만 원과 2,000만 원은 차이가 크네요."

"하지만 사물에는 양면이 있다고 내가 좀 전에 이야기

하지 않았나.

즉, '지불하는 사람'이 있다는 건 '받는 사람'이 있다는 걸 의미한다네.

혹시 자네는 남에게 돈을 빌려준 적이 있는가?

지금부터 빚에 대한 얘기를 좀 더 해보자고. 아까 말한 것처럼, 빚은 돈을 배우는 데 있어 아주 좋은 재료니까."

소유

누구도 돈을 영원히 가지고 있을 순 없다

노인은 숨을 깊이 들이쉬더니, 곧바로 입을 열었다.

"사실 지극히 당연한 말이야. '빌리는 사람'이 있으면 '빌려주는 사람'이 있어. '지불하는 사람'이 있으면 '받는 사람'이 있고. 이처럼 돈이 움직일 때는 반드시 겉과 안, 양면이 있기 마련이지.

- 지불하다 ⟷ 받다
- 빌리다 ⟷ 빌려주다
- 베풀다 ⟷ 베풂을 받다

돈과 인연이 없는 사람은 이 두 가지 의미를 금방 잊어 버려. 하지만 양면성을 정확히 파악하면 앞으로 빚 때문에 고민하는 일은 없을 거야. 그러나 정확하게 파악하지 못하면 화상을 입기도 하지. 자네는 왜 빚을 싫어하는 건가?"

"결국 제 돈이 아니라는 점이 가장 싫습니다. 금리를 지불해야 한다는 건 언젠가 빚을 갚아야 한다는 걸 의미하지 않습니까? 마치 계속 끈 달린 돈을 쓰는 듯한 느낌입니다."

"오호, 끈 달린 돈이라! 재미있는 표현이구먼. 그러면 그 끈은 누구의 것이지?"

"그건 돈을 빌려준 사람의 것이죠. 만약 은행이라면 은행이 소유자가 아닐까요?"

"그렇군. 그렇다면 은행이 소유한 돈은 모두 은행의 것인가? 바꿔 말하면, 은행의 돈은 누구의 것이지?"

"… 으음, 예금자 아닌가요?"

이제야 나는 그 구조에 의문이 들기 시작했다.

"빚을 지는 게 싫다면 분명 남에게 빌려주는 것도 싫어할 거야. 하지만 그런 자네도 여윳돈이 생기면 은행에 맡기려고 하지 않는가?

은행은 돈을 맡으면 금리를 붙여서 자네에게 돌려줘야

해. 은행의 입장에서 예금은 곧 빚인 셈이지. 은행은 그 맡은 돈을 사업자에게 빌려줘서 금리를 받고, 그 일부를 예금자인 자네에게 지불하고 있어."

나는 은행에서 근무하면서도 그 구조에 대해 진지하게 생각해본 적이 없었다.

"조금 혼란스럽네요. 제가 금리를 지불하면서 동시에 받는 입장이 될 가능성도 있는 거군요."

나는 내 머릿속에 커다란 원을 그리며 방금 했던 말을 반추했다.

"맞아. 머리가 혼란스러운 이유는 자네가 돈을 소유할 수 있는 것으로 여기기 때문이야.

돈을 계속 소유할 수 있는 사람은 없어.

전 세계에서 돌고 도는 돈은 '지금'이라는 순간에만 그 사람의 수중에 있는 거야. 원래 계속 소유할 수 없는 걸 소유하려 하니까 무리가 발생하는 거고. 그래서 돈을 쓰는 방법을 배워야 한다는 걸세. 부자들은 돈을 소유할 수 없다는 걸 알기 때문에 일정한 규칙에 따라 사용하고 있어.

예를 들어 A라는 사람이 B라는 사람에게 돈을 빌려줬다고 생각해보게. B는 A에게 금리를 지불해야 하지만, 그 빌린 돈을 C라는 자에게 더 높은 금리로 빌려주면 B에게는 그 금리의 차액이 자신의 이익이 되지."

"은행이 하는 마법의 연금술이네요."

"사실 사람들이 빚을 싫어하는 이유는 윤리적인 면 때문일 거야. 그런데 사실 B는 C의 신용도를 판단하는 능력만 갖추고 있으면 돼.

소유할 수 없는 돈을 쓰려면 우리는 '신용'과 똑같이 '가치'에 대해서도 배울 필요가 있어. B가 은행이 아니라 개인이라면 이런 경우도 있을 거야. C에게 돈을 빌려주는 게 아니라 D라는 물건을 사는 거지."

"네, 개인이라면 그런 경우가 더 많은 것 같습니다. D로는 집이나 자동차, 가전제품 등 뭐든 상관없지요."

"이 상황은 C에게 높은 금리로 빌려주는 경우보다 훨씬 판단하기가 어려워. 하지만 **이 선택이 부자와 가난한 사람을 나누는 분수령이 된다네.**

부자는 C에게 돈을 빌려줬을 때 받는 금리와 똑같은 효과를 D라는 물건으로부터 얻길 원해. 다시 말해 산 뒤에 가격이 상승하기를 바란다는 거야. 하지만 일반 사람들은 가치를 생각하지 않고 돈을 물건으로 바꿔 그걸 소유하는 데에 얽매이지. 그리고 물건의 가격에는 별로 구애받지 않아. 왜냐하면 소유가 목적이니까.

자네는 '가치'와 '가격'의 개념에 대해 얼마나 이해하고 있나?"

"가치와 가격 말입니까? 별로 생각해본 적은 없지만, 가치란 다른 말로 가치관이라고도 하니까 사람들 각자에게 있는 감각적인 것이고, 가격은 절대적인 것 아닐까요?"

"하하하, 실제는 그 반대일세. 가격이 변하는 거야.

가치는 크게 두 가지로 나눌 수 있어. '사용가치'와 '교환가치'지. 사용가치는 개인적으로 추억이 담긴 물건도 되고, 좋아하는 사람한테 받은 선물도 될 수 있어. 이것이 자네가 말하는 개인의 가치관에 따른 물건을 말해.

하지만 내가 말하는 가치란, 교환가치야. 시장에 내놓았을 때 가격이 어떻게 붙을지는 아무도 몰라.

그런데 부자라고 불리는 인종들은 이 가치를 분별하는 눈이 있어. 이 눈이야말로 부자와 빈자를 나누는 능력이 되지. 지금은 가격이 낮아도 가치만 있으면 언젠가 가격은 상승하기 마련이거든.

내가 아까 말했던 돈의 역사를 다시 떠올려보게. 앞서 신용이 있으면 다룰 수 있는 돈의 크기가 커진다고 했잖나. **가치를 분별하는 힘이란, 상대방이나 물건을 신용할 수 있는지를 분별하는 힘을 의미해.** 즉, 이 또한 '안과 밖'이라 할 수 있어. 내가 신용을 받는 것도 중요하지만 상대방이나 물건을 믿을 수 있는지 분별하는 힘도 중요하거든.

그런 의미에서 '빚'과 '투자'는 비슷한 면이 많아. 돈을 빌려준다는 측면에서는 서로 비슷하지. 다만 빚은 계약을 바탕으로 구체적인 반제액이 정해진 걸 가리키고, 투자는 반제액에 상한이 없는 걸 가리켜.

투자를 결정할 때 내가 어떤 걸 따져볼 거라 생각하나? 사업의 장래성? 아니면 이윤이 얼마나 큰지? 물론 그것들도 모두 중요하지만 가장 중요한 건 신용이야. 신용이 돈을 낳으니까 말일세.

그렇다면 부자는 무엇을 보고 그 사람의 신용을 판단할까? **바로 투자 대상의 지난 '경력'이야.** 이른바 '여신'이라는 거지. 은행에서 근무할 때 자네는 뭘 보았나?"

"앞서 말씀드렸듯이 보증인과 담보가치를 보았습니다.

그 두 가지로 뭘 준비할 수 있는지에 따라 그 사람의 사회적 지위가 대충 유추됐으니까요. 그리고 그 당사자의 반제 능력뿐 아니라, 보증인의 사회적 지위까지 봤습니다."

"그렇구먼. 하지만 내가 보는 건 어디까지나 '투자 대상'이야. 사업의 장래성이나 반제 능력을 고려하긴 하지만, 그건 아주 부차적인 요소에 지나지 않아.

그 사람의 과거, 즉 '어떻게 계획을 세워서 실행하고 결과를 내왔느냐'가 더 중요하지.

여기서 핵심은 설령 실패한 경험이 있어도 괜찮다는 거야. 스스로 곰곰이 잘 생각하고 실행하는 경험이 곧 신용이 된다는 걸 잊지 말게. 물론 여기서 결과까지 좋으면 나무랄 데 없어."

"그렇다면 실패한 저 같은 사람에게도 다시 투자해주실 수 있다는 겁니까?"

"그건 다음 이야기에 달렸어. 자, 계속해보게나."

계획

그릇을 만드는 데 들이는 시간을 아끼지 마라

지금까지 노인이 들려준 이야기는 모두 내 가슴에 와 닿았다. 특히, 방금의 대화는 빚에 관한 시점을 바꿀 수 있어 매우 유익했다.

그가 나의 실패담을 들으면 기가 막혀서 그냥 웃어버릴지도 모른다. 하지만 나는 이 노인에게 모든 것을 솔직하게 털어놓기 시작했다.

저와 오타니는 5,000만 원씩 출자한 후 다음과 같은 계획을 세웠습니다.

- 1~3개월: 업계 연구
- 4~7개월: 구체적인 입지 조건 결정 및 개점 전 준비
- 8~11개월: 거래처 선정과 직원 고용
- 12개월~: 개점

아직 시작한 건 없었지만, 계획만은 미리 세워두었죠. 계획이 없으면 어떻게 현실화할지 막연해지고, 무엇보다 아내를 설득해서 은행을 그만두고 독립하려면 확실한 비전을 제시해야만 했거든요.

자기자금 5,000만 원은 저 혼자서 준비할 수 있는 한계 금액이었습니다.

저희는 가장 먼저 업계부터 연구했습니다. 원래 제가 근무하는 은행 지점에는 요식업체를 운영하는 고객이 적었지만, 제법 큰 음식점 체인점 두 곳에 관한 데이터가 있었죠. 그런데 그 고객 데이터를 꼼꼼하게 체크하면서 발견한 사실이 있었습니다. 바로, 같은 프랜차이즈라도 지점에 따라 매출에 큰 차이가 난다는 것이었습니다.

또, 공산품처럼 정확한 매출을 예측하기는 어렵지만, 입지 조건이나 업태, 메뉴를 어떻게 조합하냐에 따라 어느

정도 예측이 가능하다는 사실도 알게 됐습니다.

예를 들면, A라는 입지는 임대료는 비싸지만, 통행인들이 많아서 매출만으로 충분히 임대료를 감당할 수 있었어요. 반면, B라는 입지는 주택가로 임대료가 낮지만 단가가 낮은 메뉴만으로는 이익이 나지 않더군요. 세세하게 예를 들면 끝이 없지만, 어쨌든 이로써 다양한 패턴이 있다는 것을 알게 됐습니다.

주먹밥 가게의 장사 포인트에는 두 가지가 있습니다.

- 테이크아웃형 vs 서비스 제공형
- 작은 공간에서도 개업 가능

요식업은 크게 '테이크아웃형'과 '서비스 제공형'으로 나뉩니다. 테이크아웃형은 진열 케이스와 대면 판매가 가능한 공간만 있으면 됩니다. 즉, 인건비와 임대료를 줄일 수 있죠. 반면, 서비스 제공형은 점내에서 먹고 마실 수 있게 종업원을 두고 서비스를 제공해야 합니다. 여기엔 공간이 더 많이 필요하고, 나아가 초기 투자비용이 많이 든다는 단점이 있습니다.

오타니가 그런 것까지 고려해서 테이크아웃형 주먹밥 가게를 제안했는지는 모르겠지만, 그 친구가 생각한 비즈니스 모델은 최소한의 개점 자금으로도 가능하다는 점에 있어서만큼은 합리적이었습니다.

그 무렵, 저와 오타니는 매일같이 만났습니다.

"이 1년의 준비 기간이 우리의 10년을 결정한다!"

오타니는 자신보다 더 열심히 업계 연구에 매진하는 저를 보고 만족스러워했던 것 같습니다. 본인은 사람을 보는 눈이 있다며 틈만 나면 제 칭찬을 했거든요.

원래 동업자는 서로 경계를 많이 한다고들 하는데, 저에게는 이 사업이 그동안 애타게 기다려온 기회였기 때문인지 그 친구에게 이용당하고 있다는 생각 같은 건 전혀 하지 않았습니다.

의심은커녕 오히려 저는 운이 좋다고 여겼습니다. 그 친구처럼 세상 물정에 밝은 친구와 같이 창업을 한다고 생각하니, 성공에 대한 확신의 수준이 달라지더군요.

아직은 창업에 필요한 조각을 하나씩 모으는 단계였지만, 저의 확신은 점점 강해졌습니다.

그러나 문제는 역시 아내였습니다.

'아내에게 뭐라고 해야 할까?'

제가 은행을 그만둔다고 했을 때, 아내는 역시나 크게 반대했습니다. '몸도 약한 아이를 데리고 무슨 생각을 하느냐'고 말이죠. 아내는 절대로 은행을 그만두지 말라고 신신당부했습니다.

하지만 저는 수개월에 걸쳐 끈질기게 설득했습니다. 아내는 겉으로는 허락한 것 같기도 했지만, 진심으로 납득한 것 같지는 않았습니다. 그러나 결국엔 아내도 저한테 두 손 두 발을 다 들더군요. 단, 자기자금으로 5,000만 원 이상은 절대로 쓰지 않겠다고 약속하라면서요. 그 돈은 당시 제 명의의 계좌에 들어 있는 전부였죠. 그야 당연하다고 했더니, 아내는 그제야 조금 마음을 놓은 것 같았습니다.

오해할까 싶어 말씀드리는데, 아내와 딸은 제 삶의 버팀목이었습니다. 사업을 시작해 새로운 도전에 나선 것도 아내와 딸을 좀 더 행복하게 해주고 싶어서였어요.

아까 딸이 아프다고 말씀드렸죠. 딸아이는 선천적으로 몸에 문제가 있습니다. 그래서 초등학교에 들어가서도 자꾸 결석하고, 가끔은 입원도 했고요. 아마 그런 이유로 아내는 더더욱 반대했을 겁니다.

하지만 아이를 걱정하는 마음은 저도 마찬가지였습니다. 저와 아내는 무슨 일이 있더라도 훗날 딸아이가 고생하지 않을 정도는 벌어서 남겨주자는 생각을 항상 해왔고, 지금도 그 마음에는 변함이 없습니다.

그 후, 오타니는 하야마라는 요리사를 데리고 왔습니다. 한 음식점 체인점에서 요리사로 일하고 있는 남자였는데, 저희의 계획에 동참하고 싶다고 하더군요.

나이는 스물여덟 살로 저희보다 두 살 어렸지만, 날쌔 보이는 외모에 날카로운 눈매가 인상적이었죠. 저는 한눈에 그가 독립심이 강한 사람이란 걸 알아챘습니다.

오타니와 하야마는 일을 하면서 알게 된 사이인데, 오타니가 그의 실력을 알아보고 일찌감치 눈독을 들이고 있었던 모양입니다. 이전에 그 친구가 말했던 최고의 인재가 바로 하야마였던 것 같습니다.

본래는 오타니가 끈질기게 설득해서 데리고 온 것이었겠지만, 하야마 또한 나름대로 자신의 커리어를 생각하고 결정한 것이라고 했습니다.

"처음 뵙겠습니다. 저는 하야마 겐타입니다. 오타니 씨한테 처음 이야기를 들었을 때는 솔직히 망설였지만….

저는 요리사로 지낸 지 이제 10년이 됐습니다. 예전 가게에서는 매니저도 했었고요. 지금 있는 체인점에서도 그런대로 괜찮은 대우를 받고 있지만, 이대로 계속해봤자 지역 매니저로 끝날 게 훤히 보이더군요.

때마침 오타니 씨한테 이 제안을 받고 다른 곳에서 제 실력을 시험해보는 것도 나쁘지 않겠다는 생각이 들었습니다. 음식 브랜드를 창조하는 비전을 이루는 일에 저도 끼워주십시오!"

저는 하야마가 든든한 지원군이 되리라 직감했습니다. 음식의 맛을 위해서는 당연히 전문 요리사를 고용해야 한다고 생각하고 있었는데, 하야마는 젊은 데다 야심까지 있으니 밑바닥부터 함께 시작하기에 딱 적합한 사람이었죠. 저는 새로운 음식 브랜드 체인점을 만들어가는 데에 있어 그가 최고의 적임자라 판단했고, 그를 고용하는 데 주저할 이유가 전혀 없었습니다.

개업 예정일까지 6개월이 남은 상태였기 때문에 우리

는 하야마에게 사정을 말하며 기본급을 낮게 책정하는 대신 매출에 따라 인센티브를 주겠다고 제안했습니다. 그도 그 조건을 수락했고요.

개업 6개월 전부터 러닝코스트(running costs, 재료 또는 설비를 사용해 어떤 경영 목적을 달성하려 할 때 부대적으로 발생하는 비용)가 들어가는 건 부담됐지만, 꼭 필요한 경비라고 생각했습니다.

그리고 그때부터 본격적으로 메뉴 개발에 들어갔습니다. 저희 꿈이 단숨에 현실이 되는 순간이었죠.

밤마다 하야마 집 주방에 모여서 "이 맛은 괜찮은 것 같은데?", "아니, 이 재료는 맛에 임팩트가 없어." 이렇게 여러 가지 의견을 나누며 콘셉트를 정하기 위해 셋이서 머리를 모았습니다.

"그러니까, 고급노선을 취하려면 포장에도 신경 써야 하잖아."

"만약 테이크아웃이 메인이 되면, 바로 그 자리에서도 먹을 수 있는 간단한 포장과 우리 가게만의 독특한 포장 중 선택하게 하는 게 낫지 않을까?"

"일일이 그렇게 선택하게 하면 귀찮지 않겠어? 살 때마다 뭔가 택하는 것보다 하나로 통일하는 게 훨씬 나아!"

저희는 같은 프로젝트를 진행하는 팀으로서 점점 모양새를 잡아갔습니다. 하야마가 팀에 투입되고 나서부터는 동종업계의 타사에 대해서도 조사하기 시작했고요.

막상 조사를 해보니 세상에는 정말 다양한 주먹밥 가게가 있더군요. 저희는 그 많은 주먹밥 가게들을 일일이 돌아보았습니다. 물론 맛도 모두 직접 확인했고요. 이를테면 터미널 구내에 있는 주먹밥 가게부터 이동 판매를 하는 주먹밥 가게까지 말이죠.

우선, 저희는 이런 질문을 던졌습니다.

'주먹밥의 주요 구매층은 누구일까?'

그걸 알아내기 위해 가게 앞에서 아침부터 밤까지 온종일 지켜보았습니다. 먼저 터미널 구내에 있는 주먹밥 가게의 고객층은 대부분 여성 직장인들이었고, 출근길에 점심 도시락 대용으로 사 가는 패턴이 절반을 차지하고 있었습니다. 그런 가게들은 대개 주먹밥을 낱개로 팔고 있더군요. 이처럼 칼로리를 걱정하는 여성들에게 딱 걸맞은 점심이 되도록 배려하고 있었습니다. 평균단가는 한 개에

1,500원 정도로, 고객들은 평균 3,000원어치를 구매하고 있었고요.

신칸센(일본의 고속철도) 역에 있는 더 큰 가게의 경우에는 구매층이 조금 달랐습니다. 신칸센을 타고 출장 가는 샐러리맨들이 대부분이었기 때문에 조금 비싼 주먹밥도 많았고, 한 개 2,000원짜리가 가장 많이 팔리고 있었습니다.

또, 반찬을 함께 묶어 세트로 파는 가게들도 많았는데 주먹밥 두세 개와 반찬을 묶은 세트가 가장 많이 나갔고, 구매 평균단가는 8,000원이었습니다.

저희는 역 구내뿐 아니라 상점가처럼 길가에 늘어선 가게들도 돌아보았습니다. 상점가의 주먹밥 가게는 본업이 따로 있는 경우가 많았고, 집을 매장으로 겸한 탓인지 규모가 작은 가게들이 대부분이었습니다.

상점가에서는 주먹밥 가게보다, 예를 들면 고급 햄버거 체인점이 저희가 원하는 가게 이미지에 더 가깝더군요. 저희는 그 고급 햄버거 체인점이 가격 파괴를 꾀한 가게들과 어떤 차별화를 두었는지도 참고했습니다.

역시나 요리사인 하야마는 '재료'에 차별화를 둬야 한다고 강력히 말하더군요.

"고급 햄버거 체인점은 역시 좋은 식자재를 쓰고 있었어요. 고급 주먹밥이라면, 재료는 물론 밥을 짓는 물도 아무거나 쓰면 안 되죠. 처음에는 매장이 하나뿐이니까 할 수 있는 건 모두 다 해봅시다."

"그래. 그리고 밥 짓는 방법도 신경 쓰는 게 좋을 거야."

"가마를 준비하기는 어려우니, 최신 밥솥을 쓰면 되지 않을까? 새로 매장을 내더라도 똑같은 맛이 나게 하는 것이 중요하겠지."

그 뒤, 식자재에 관련된 일은 하야마에게 일임했습니다. 그래야 그도 의욕이 생길 거라고 판단했거든요. 예상 비용을 고려해서 협의한 결과, 고급 브랜드 쌀을 쓰고, 밥 짓는 물도 흔한 수돗물이 아니라 특별한 약수를 사용했습니다.

목표 단가는 2,500원이었고, 건강식을 위한 현미도 준비했습니다. 고급 주먹밥 노선을 취하기로 했기 때문에 재료도 특별한 걸 고집함으로써 승부를 걸기로 한 겁니다.

저희는 리서치와 메뉴 선정을 하느라 매일같이 녹초가 되면서도 한 걸음씩 전진했습니다. 발바닥이 닳도록 돌아다니다 보니 많은 걸 배우기도 했고요.

그렇게 해서 저희는 가게 슬로건도 정했습니다.

'예로부터 이어온 주먹밥.

먹는 건강, 선택하는 즐거움, 정을 느끼는 맛.'

"맘에 들어. 재미있구먼!"

노인이 무릎을 쳤다.

"감사합니다!"

나는 가게에 서 있었을 때처럼 기운차게 대답했다.

"어쩌면 그때가 가장 즐거웠던 시절 같습니다. 은행을 그만둔 뒤라서 퇴직금을 갉아먹고 있긴 했지만….."

"그릇이 내용물을 결정하는 거니까. 거기에 시간을 들이는 건 중요한 일이야."

나는 노인의 말에 기뻐하며 이야기를 이어갔다.

"네, 주먹밥 재료도 저희는 시간을 들여 개발했습니다. 기본 주먹밥의 재료가 되는 매실이나 연어의 맛도 다양하게 만들어서 계속 시식을 했고요. 하야마는 메뉴 책임자인 만큼 잠도 자지 않고 아주 열심이었습니다."

"그래서, 뭔가 특별한 걸 만들어냈나?"

"저희가 새로운 시장에 진출하는 입장이다 보니, 하야마는 항상 열정이 넘쳤습니다. 늘 핵심 상품을 만들어야 한다면서 계속 여러 가지 재료를 가지고 메뉴 개발에 매진했거든요.

그러던 어느 날 저와 오타니를 부르더니 주먹밥 하나를 시식해보라고 하더군요. 저희는 아무것도 묻지 않고 그냥 입에 넣었습니다.

그런데 주먹밥이 혀에 닿는 순간, 눈이 크게 떠졌습니다. 밥알과 속 재료가 하나가 되어 입안에 산뜻한 향이 확 퍼져나가는 것이었습니다. 인위적으로는 낼 수 없는 향과 자연스럽고 부드러운 맛이 미각을 만족시키기에 충분했습니다.

하야마가 '맛있죠?'라고 묻는 듯한 표정으로 만면에 미소를 지으며 저희를 쳐다보았습니다. 정말로 의견을 묻고 싶었다기보다는 이 맛에 감동하는 모습을 꼭 보고 싶었다는 듯이 말입니다. 그 정도로 자신이 있었던 모양입니다.

그게 크림 주먹밥과의 첫 만남이었습니다."

장사

사람들은 필요할 때와 갖고 싶을 때 돈을 쓴다

어느덧 밤 9시를 지나고 있었다.

백화점 전등 불빛은 여전히 반짝였지만, 시간이 늦은 탓인지 길을 오가는 사람들이 확연히 줄었다. 근처에는 술에 취한 직장인들과 모임이 끝난 대학생들이 함성을 지르고 있었다.

나는 '크림 주먹밥'이라는 이름을 노인에게 말하고 나자, 자랑스러움과 함께 쓸쓸함에 휩싸였다.

직장인으로 살았던 때와 비교해보면, 지금의 내가 껴안고 있는 고민은 너무나 다른 세상의 것들이다.

은행에서 일할 때는 업무가 지루하고 재미없긴 했지만, 안정된 수입을 얻고 있었다. 집에 돌아가면 아내와 딸이 기다리고 있었고, 마음이 편해지는 순간도 있었다. 또, 그렇게 가족을 위해서 노력하고 있다는 사실이 내가 유일하게 뽐낼 수 있는 것이기도 했다.

"왜 그런가?"

노인이 가라앉은 내 마음을 휘젓듯이 밝은 목소리로 물었다.

"크림 주먹밥이라면 나도 들어봤네만!"

"아, 다행이네요."

"근처 편의점에서 얼마 전까지 팔지 않았나? 그걸 자네들이 처음 만들었다고?"

"네, 그렇습니다만…. 이제 그걸 증명할 수 있는 건 수중에 아무것도 없네요, 하하."

노인이 크림 주먹밥이라는 이름을 알고 있어 내심 기뻤다. 그건 고심 끝에 완성된 최고의 메뉴였기 때문이다.

"하야마에게는 정말 고마운 마음뿐입니다. 그건 그의 공로였으니까요."

"그건 그렇고. 그런 히트 상품을 냈는데, 도대체 왜?"

노인의 의문은 당연했다.

하야마가 개발한 크림 주먹밥은 크림이 들어가긴 해도 달지는 않았습니다. 수많은 고급 생선을 다져서 으깬 어육을 최상의 배합으로 혼합하고, 거기에 독자적으로 개발한 오리지널 크림을 추가하고, 식감을 즐길 수 있도록 채소를 조금 섞어 맛이 자극적이지 않으면서 밍밍하지도 않은, '저칼로리 주먹밥'을 탄생시켰죠. 완성하기까지 그야말로 시행착오의 연속이었을 겁니다. 밥 역시 크림 상태의 재료에 맞춰서 조금 특별하게 지었고요.

"하야마, 고마워. 덕분에 새 가게를 오픈하는 날이 기대돼. 마구 설렐 정도야. 이 크림 주먹밥을 꼭 우리 가게의 명물로 만들자!"

메뉴 때문에 계속 고민하던 하야마는 제 말에 아주 기뻐했습니다. 그리고 마침내 상품이 완성됐을 때 우리 세 사람은 모두 행복해했죠. **"좋았어, 이제 주먹밥 혁명을 일으키는 거야!"** 하고 외치며 셋이서 의욕에 차 있었던 기억이 지금도 생생합니다.

이제 메뉴는 모두 준비됐으니 본격적으로 점포를 차릴

만한 장소를 찾기 시작했습니다. 사실 사전에 조사를 하면서 눈여겨본 곳이 있긴 있었습니다. 그러나 거기는 터미널 구내의 중앙홀이라 임대료가 비싸 '그림의 떡'일 뿐이었죠.

그래서 저희는 다른 비교적 번화한 역 근처를 찾았습니다. 많이 헤매긴 했지만 도심에서 조금 떨어진 교외의 M 역 앞에 있던 점포가 바라던 조건과 거의 일치했고, 마침 내놓은 상태라 운 좋게 들어갈 수 있었습니다.

임대료는 한 달에 350만 원. 진열 케이스를 놓을 공간도 있고, 꽤 넓은 주방 설비도 갖추고 있어 만족스러웠습니다.

일단 첫 달의 매출 목표는 1,000만 원으로 설정했습니다. 1,000만 원의 매출을 올리려면 2,500원의 주먹밥을 4,000개 이상 팔아야 합니다. 그러려면 하루에 133개 이상씩 팔아야 하고, 아침 8시부터 밤 8시까지 영업을 한다 쳤을 때 시간당 열한 개씩은 팔아야 합니다.

저희는 그렇다면 이건 절대 불가능한 목표가 아니라고 여겼습니다. 비용 면에서 보면 적자가 조금 나긴 하지만, 첫 달은 하는 수 없다고 생각했죠.

원가율(일정 기간의 매상고에 대한 매상 원가의 비율)은 35퍼센트로 잡았는데, 이건 평균치입니다. 크림 주먹밥은 원가율을 조금 초과하는 40퍼센트 정도였고요. 처음에는 크림 주먹밥으로 손님을 끌어오고, 매실·연어 주먹밥 등 원가가 낮은 상품을 같이 팔면 좋겠다고 생각했죠.

가게 이름은 '베이카쿠[米角]'로 정했습니다. 밥을 삼각형 뿔처럼 뭔다는 뜻에서 지었죠. 또, 오랜 전통이 있는 듯한 느낌이 들면서도 크림 주먹밥처럼 새로운 상품도 개발하고 판매하는 혁신적 이미지가 풍기기를 바라는 마음도 담았습니다.

자, 마침내 개업 당일이 됐습니다.

기대와 달리 가게 앞에 줄이 늘어서 있지는 않더군요. 저희는 아침 8시에 조용히 가게 문을 열었습니다.

첫날에는 저와 하야마가 가게에 나갔습니다. 하얀 새 앞치마를 입고 서로의 옷차림을 체크했죠. 하야마는 아무 말도 하지 않았지만, 긴장한 기색이 역력했습니다. 저 역시 마찬가지였고요.

역 앞이라 가게 앞을 오가는 사람들은 많았지만, 모두 힐끔거리기만 할 뿐 그냥 지나치더군요. '아, 여기에 새로운 가게가 문을 열었구나' 하는 수준의 시선만 보내올 뿐 좀처럼 첫 손님은 등장하지 않았습니다.

그때의 기분은 겪어보지 않으면 절대 모릅니다. 일분일초가 유독 길게 느껴지고, 어쩌면 오늘 장사는 공칠지도 모른다는 불길한 예감이 머리를 스치더군요.

그런데 바로 그때, 첫 손님이 나타났습니다! 허리까지 내려오는 긴 검은 머리가 인상적인, 서른 초반의 기품 있는 여성이었습니다.

저는 흥분을 억누르면서 첫 손님께 크림 주먹밥과 연어 주먹밥을 건넸던 기억이 아직도 생생합니다.

'팔렸어…!'

그때의 기쁨을 이루 말로 형용할 수 없습니다. 겨우 두 개를 팔았을 뿐이지만, 그때부터 '이제부터 시작이야!' 하는 흥분이 솟구치더군요.

그 뒤로 아침 출근 시간대에 주먹밥을 사 가는 손님들이 드문드문 나타나기 시작했습니다.

"새로 문을 열었나 봐요. 주먹밥 가게, 아주 좋네요. 역 앞에 빵 가게는 많지만, 역시나 가끔은 밥이 먹고 싶기도 하거든요. 앞으로도 종종 이용할게요."

그처럼 고마운 말을 건네는 손님도 있었습니다.

점심 무렵이 되자, 근처 다른 가게 주인들도 직접 찾아와 주먹밥을 사 가더군요.

"여기는 원래 채소 가게 자리였는데, 근처에 슈퍼가 생겨서 손님을 뺏겼어요. 하지만 주먹밥 가게라면 손님층이 달라서 괜찮을 것 같네요. 열심히 하세요."

"감사합니다!"

그날 매출 개수는 딱 목표했던 133개였습니다.

"굉장해! 딱 목표만큼이야!"

하루 영업을 마친 그날, 기분 좋은 피로감이 온몸에 퍼졌습니다. 내역을 보니 기본 주먹밥보다 크림 주먹밥이 조금 더 많이 팔렸더군요.

"오늘은 완전 지쳤어요. 주방에서 주먹밥을 만드는 타이밍도 그렇고, 어느 주먹밥을 더 만들어야 할지도 아직 감이 잘 안 잡히네요."

"그런데 크림 주먹밥은 꽤 평판이 좋은 것 같아."

"아직 단정하긴 일러요. 오늘 손님들의 진짜 반응은 내일 이후에나 나올 테니까요. 어쨌든 내일도 파이팅합시다."

이튿날 매출 개수는 150개.

셋째 날 매출 개수는 180개.

셋째 날에는 저희의 첫 손님이었던 긴 검은 머리의 여성분이 다시 가게를 찾았습니다. 이번에는 크림 주먹밥만 두 개 주문하더군요. 말수가 적은 분 같았지만, 궁금증이 일어 저도 모르게 질문을 건넸습니다.

"손님, 혹시 크림 주먹밥 맛은 어땠나요?"

"아주 맛있었어요. 그 크림 속에는 뭐가 든 거예요?"

"으깬 제철 생선과 잘게 다진 계절 채소를 특제 육수에 장시간 졸여서 간을 했습니다."

"그랬군요. 이 주먹밥을 친구한테 얘기했더니 먹고 싶다고 해서 다시 왔어요. 그래서 오늘은 친구 것도 하나 더 사 가려고요."

나중에 하야마에게 이 이야기를 전했더니, 그는 뛰어오를 듯이 기뻐했습니다. 평소에는 장인 기질이 있어 완고하고 말이 없었지만, 그런 모습을 보니 천생 요리사라는 생각이 들더라고요. 손님의 맛있다는 평가에 아이처럼 팔짝 뛰던 모습이 아직도 눈에 선합니다.

첫 주 매출은 기대를 조금 웃돌았습니다. 날에 따라 조금 오르락내리락하긴 했지만, 꽤 괜찮은 반응에 저희는 만족했습니다. 그러다 일요일 매출 개수는 180개! 드디어 그 주에 준비한 게 모두 팔린 겁니다!

그날 저녁에는 품절이 되어서 식자재 도매상에 허둥지둥 전화를 걸어 그다음 주 분량은 더 많이 발주했습니다.

"괜찮겠어요? 막 문을 열었으니 매출이 올라가는 건 당연하죠. 신중하게 결정해요. 당일에 발주하셔도 저희는 문제없어요."

"아뇨, 괜찮습니다. 분명히 팔릴 거니까요, 하하하."

"대단한 자신감인데요. 앞으로도 그 기세로 잘해봐요."

농담 삼아 한 말인데, 그 말은 정말 현실이 됐습니다. 둘째 주 매출은 첫째 주보다 더 많았거든요.

아직은 시작 단계였지만, 저희는 이 사업이 성공할 거라고 확신했습니다. 단순히 초창기의 막연한 느낌은 아니었습니다. 그것은 손님들과 나눈 대화에서 피부로 느낀, 현실적인 직감이었죠.

다만, 처음 예상과 달랐던 게 하나 있었습니다. 바로, 거의 크림 주먹밥만 팔린다는 점이었습니다. 기본 주먹밥과 크림 주먹밥의 매출 비율을 보면 3 대 7 정도였고요. 솔직히 크림 주먹밥의 원가가 좀 센 편이었기 때문에 저희는 슬며시 가격을 500원 올렸습니다. 물론 무작정 인상만 한 건 아니었고, 가격을 올리기 전에 '크림 주먹밥 오픈 특가 2,500원은 이번 달까지!'라고 POP 광고(Point of purchase advertisement, 구매가 실제 발생하는 장소에서의 광고)를 설치하는 것도 잊지 않았죠.

가격을 인상했는데도 매출 개수는 여전히 상승 곡선을 유지했습니다. 가격을 올려도 손님들이 개의치 않고 사는 걸 보니, 정말 기분이 묘하더군요. 저희 가게에 브랜드력이 있다고 하기엔 이른 상황이었기 때문에 이건 분명 크림 주먹밥이 상품으로서 호소력을 갖고 있음을 증명한다고 생각했습니다.

사람들이 물건을 살 때에는 여러 가지 이유가 있겠지만, 크게 두 가지로 나뉜다고 봅니다.

"사람들은 '필요할 때'와 '갖고 싶을 때' 돈을 쓴다."

크림 주먹밥은 이 두 가지 중 '갖고 싶다'는 마음을 부추겼다고 생각합니다. '역 근처에 새로 생긴 주먹밥 가게', '그동안 먹어본 적 없는 주먹밥을 파는 가게', 아무래도 이런 요소들이 입소문으로 확산되기 쉬운 특징을 갖추고 있었던 것 같습니다.

오픈한 지 한 달 뒤에도 매출은 순조롭게 올라갔습니다. 별다른 홍보도 하지 않았는데도 좋은 성과를 얻었으니, 아주 운이 좋았다고 생각합니다.

모든 가게는 고객이 제로인 상태에서 출발하기 때문에 수개월에서 1년까지는 적자만 난다는 '**죽음의 계곡**(창업 후 다음 단계로 발전하지 못하고 좌절을 겪는 상황 전반을 가리키는 용어)'도 각오했었는데, 실제로 뚜껑을 열어보니 생각보다 더 많은 이익이 난 것입니다.

지금 생각하면 운이 정말 좋았던 것이지만, 당시에는 창업 컨설턴트인 오타니와 은행원이었던 저, 능력 있는 요리사인 하야마의 힘이 합쳐진 결과이자 진짜 실력이라고 당연하게 받아들이고 있었습니다. 그리고 저희의 관심은 다음 단계인 "**이걸 어디까지 성공시켜야 하는가?**"로 옮겨갔고요.

문을 연 지 두 달 뒤에는 하루 100여 개씩 팔리던 게 200개를 넘어가더군요. 단골손님이 생긴 게 분명했습니다. 그 무렵, 저는 매일 가게에 나가 있었는데 미소로 인사를 건네는 손님들이 늘어나 즐겁기 그지없었습니다.

단골손님들 눈에 저는 그저 마음씨 좋은 주먹밥 가게 점장이었을 겁니다. 설마 은행을 그만두고 일생일대의 승부수를 던진 남자라고는 아무도 생각지 못했겠죠.

하지만 달리 생각해보면, 근방에 있는 가게와 기업에도 모두 누군가의 인생이 걸려 있다고 볼 수 있을 겁니다. 그렇게 생각하면 장사라는 건 참 굉장한 일입니다.

저와 하야마는 매일 가게에 나가서 영업했습니다. 식자재 구입과 영업 준비는 전날 밤에 하야마가 해뒀고요. 주먹밥 제조는 하야마가 고안한 주먹밥 제조기를 사용하면 됐기 때문에 아침 시간은 저와 아르바이트생 둘이서 담당했습니다.

다만 오타니만 하던 일을 계속하고 있었습니다. "컨설턴트 직함이 있는 덕분에 할 수 있는 일도 있어. 그러니까 당분간은 좀 미안해"라고 하면서 가게 경영은 저와 하야마에게 맡기고, 일주일에 세 번 정도 가게에 들렀죠. 물론 바쁜 와중에 짬짬이 시간을 내서 와주는 것이라는 건 잘 알고 있었지만, 솔직히 그것에 대해 조금 불만이 있었습니다.

다만 장사가 잘될 때는 '오타니의 말이 맞을지도 몰라' 하는 생각에 그를 특별히 비난하지는 않았습니다. 그러나 지금 생각해보면 제가 그렇게 넘길 수 있었던 건 그가 그때까지 자신의 몫을 사양했기 때문이었는지도 모르겠습니다.

어느 날, 크림 주먹밥 매출이 급격히 올라간 일이 있었습니다. 지역 방송국의 아침 정보 프로그램에서 취재를 나온 겁니다.

'어떡하지…?'

처음 겪는 일이라 걱정이 들긴 했지만, 막상 방송국 PD의 연락을 받고 나니 날아오를 듯이 기쁘더군요.

취재를 무사히 마치자, 방송 당일 아침에도 스튜디오와 가게를 연결해 중계방송을 하자는 요청이 들어왔습니다.

그날 저는 평소보다 활기차게 가게 문을 열었습니다. 그런데 가게 셔터를 올리자마자 깜짝 놀라고 말았죠.

"앗!"

손님들이 이미 줄을 서고 있었던 겁니다. 아직 방송으로 나가기 전이었는데 말이죠. 그렇게 당일 가게 앞에 줄이 길게 늘어서 있는 모습이 실시간으로 방영되어 홍보 효과를 톡톡히 맛볼 수 있었습니다.

나중에 알고 보니 모두 오타니가 연출한 것이었더군요. 방송국 취재도 오타니가 힘쓴 것이었고, 당일에 있던 줄도 그가 사람들을 고용해서 시켰던 것이었습니다. 오타니의 세심함에 정말 감탄하지 않을 수 없었습니다.

그날 매출은 1,203개로 정말 경이적이었습니다. '만들면 팔고, 만들면 팔고'를 반복하다 마지막에는 결국 '쌀이 없어' 문을 닫았죠. 그날 영업을 마치고 나서는 완전히 녹초가 되어 그 자리에 그대로 주저앉아야 했을 정도였습니다.

더구나 그 이후에도 그 홍보 효과가 계속 이어져서 크림 주먹밥은 날개 돋친 듯이 팔려나갔습니다.

그다음 주에 영업을 마친 뒤, 오타니가 저희를 불러서 미팅을 했습니다.

먼저 오타니는 **'이 기회를 어떻게 살릴 것인가?'**에 대해 이야기했습니다. 저와 하야마는 솔직히 연일 이어지는 대성

황에 어쩔 줄 몰라 하며 다음 날을 준비하는 것만으로도 벅찼기에 다른 것은 생각할 겨를이 없었습니다.

하지만 오타니는 가게 운영에는 직접 관여하지 않는 만큼 베이카쿠에 대해 객관적으로 바라보고 있었던 모양입니다.

"완전 기대 이상이야. 역시 방송의 힘은 무시 못 해. 사람 개개인의 운명을 바꿀 힘을 가지고 있다니까! 아, 물론 무엇보다 하야마가 만든 크림 주먹밥이 맛있으니까 인기가 있는 거겠지. 다만 현실적으로 봤을 때 미디어 효과는 대개 한 달이면 끝나.

그래서 제안하는데, 지금 M역 앞의 1호점에 이어 2호점을 내보는 건 어때?"

"뭐? 벌써 2호점을? 솔직히 지금 가게만으로도 힘에 부쳐. 조금 더 안정된 다음에 해도 되지 않을까?"

"아니, 뭐든 상승세일 때 여러 가지로 손을 써두는 게 좋아. 이대로는 매출 상한이 있잖아."

"음, 그렇긴 하지. 지금은 하루 1,000개 만들어서 파는 게 한계니까. 그리고 크림 주먹밥과 다른 주먹밥 매출 비율은 8 대 2고. 지금은 임시로 아르바이트를 써서 그럭저

력 운영하고 있지만, 매출을 더 늘릴 수 없는 건 사실이야."

"그래. 원래 가게 하나만을 성공시키려고 시작한 건 아니잖아. 우리의 목표를 잘 생각해봐."

"맞는 말이긴 한데 2호점을 만든다고 해도 아직 준비금(회사가 설정한 자본액을 초과하는 금액을 장래 생길지도 모르는 필요에 대비하기 위해 회사에 적립해 두는 금액)이 부족해. 1호점과 같은 비용이 든다면 대략 6,000만 원이야. 그걸 모아서 하려면 앞으로 반년은 기다려야 해."

"지금이라면 은행 융자는 어렵지 않게 받을 수 있어."

"아니, 처음에 자기자금만으로 한다고 약속했잖아."

"그래도 하려면 '지금'밖에 없어. 조금 더 융통성을 가져보는 건 어때?"

나와 오타니가 계속해서 언쟁을 벌이는데, 갑자기 하야마가 끼어들더군요.

"저기, 제가 한 가지 제안을 하고 싶은데요…."

하야마는 M점의 주방은 공간이 넓어서 주먹밥을 추가로 만들 여력이 있으니, M점에서 만든 주먹밥을 운반할 수 있는 거리에 2호점을 연다면 추가 설비가 필요가 없어서 훨씬 낮은 비용으로 오픈할 수 있지 않겠느냐고 말했습니다. 저희는 그 제안을 흔쾌히 받아들였습니다.

오타니는 당장 인근 K역 구내에 공간을 임대했습니다. 겨우 십여 평 정도였지만 저희 가게로 쓰기엔 충분했죠.

임대료는 한 달에 250만 원, 계약금 등 자재를 새로 사는 데 들었던 초기 비용은 약 3,000만 원. 그 금액이라면 반년이나 기다리지 않아도 준비할 수 있는 수준이었습니다. 한 달 동안의 현금 흐름을 고려했을 때 석 달이면 마련할 수 있는 금액이었거든요.

결국 K역 구내점의 베이카쿠 2호점은 예상보다 빠른, 두 달 뒤에 개업할 수 있었습니다. 그리고 결과 또한 기대한 대로 대성공이었고요. 역 구내라는 특징 때문에 통행인 또한 M역 앞에 있던 1호점보다 훨씬 많았습니다. 게다가 지금 한창 소문이 난 크림 주먹밥을 판다고 하자, 손님들의 반응도 좋아서 당초 예상보다 두 배 더 많은 매출을 기록할 수 있었고요.

"하야마, 큰일이야. 2호점에 주먹밥이 또 품절돼서 빨리 가져와달래."

"그럼, 아르바이트생한테 배달시키죠, 뭐. 이거, 정신없이 팔리나 봐요."

"그러게. 우선 크림 주먹밥만이라도 가져와줬으면 하나
봐. 100개면 할 수 있겠어?"

"크림 주먹밥만이라면, 30분이면 될 것 같아요!"

M역 앞 1호점의 하루 매출은 평균 800개.

그리고 K역 구내 2호점의 하루 매출은 평균 500개.

게다가 K역 구내점은 판매 공간만 마련하고 판매를 담
당할 아르바이트생 한 명만 고용하면 충분했기 때문에 수
익률이 아주 좋았습니다.

그 당시 저의 수입은 한 달에 약 1,000만 원, 하야마는
인센티브가 있어 1,500만 원 정도였을 겁니다. 역시 먹는
장사는 한 번 대박이 나면 수익이 엄청나더군요.

베이카쿠 2호점이 궤도에 올랐을 무렵, 저는 바쁘다는
오타니를 붙잡고 먼저 입을 열었습니다.

"슬슬 경영도 안정됐으니 네 몫에 대해 의논하고 싶은
데…."

"아아, 그 얘기."

"얼마나 원해?"

"지금 상황이 어떤데?"

"숫자로 아니면 느낌으로?"

"둘 다."

"으음, 2호점을 낸 건 결과적으로 아주 잘한 것 같아. 비용도 많이 들이지 않았는데 이익을 거의 배로 늘릴 수 있었잖아. 2호점을 내는 방식도 좋았고. 지금이라면 너한테 그에 상응하는 액수를 줄 수 있을 거야."

"그래. 나도 기분 좋네. 그러면… 매달 매출의 5퍼센트를 내 몫으로 가져가면 좀 많을라나?"

"아니, 넌 나에게 성공할 계기를 주었고, 가게를 시작할 때 무급으로 베이카쿠를 위해서 여러모로 애써줬어. 그 고마움을 어떻게 표현해야 할지 잘 모르겠어. 그 조건은 받아들일게. 너무 어려워하지 마."

이처럼 베이카쿠의 모든 것은 순조로웠습니다.

저는 그날 오랜만에 일찍 집에 가기로 맘먹었습니다. 집에서 아내와 딸이 웃는 얼굴로 기다린다고 생각하면, 자연히 발걸음이 빨라지더군요.

가
격

눈앞의 이익이냐 브랜드 가치냐

밤 10시가 됐다.

밤이 깊었지만, 날이 춥게 느껴지진 않았다. 역시 성공담을 풀어놓는 것은 기분 좋은 일이다. 잘나가던 시절에 대해 말하거나 들으면 왠지 모르게 감정이 고양된다. 이러니 서점에 성공한 이들의 책이 넘쳐나는 것도 이해가 된다.

문득 노인을 바라보니, 그는 눈을 감고 있었다. 도대체 무슨 생각을 하고 있는 걸까?

"저… 어르신, 아니 조커님."

"아, 미안. 깜빡 졸았네."

"네?"

"나이가 들면 성공한 이야기는 지루해서….."

그는 갑자기 시간을 확인하려는 듯 왼팔 소매를 걷었다.

"'벌이가 비약적으로 많아져서 자네들이 금전적으로 상당히 여유로워졌다. 그런데'까지 들었어. 자네는 당시의 자신을 돌아보면 무슨 생각이 드나?"

"으음, 여러 가지 생각이 들지만, 전반적으로 꽤 잘하고 있었다고 생각합니다."

"그래, 내가 아까 사람의 본성은 돈을 가졌을 때 드러난다는 말을 했어. 지금까지 들은 바로는 자네의 좋은 면이 잘 나타났던 것 같아. 자네는 여유도 생겨 주변을 돌볼 수 있게 됐고. 아주 바람직한 상태야. 돈을 가짐으로써 나타나는 장점은 자유롭게 할 수 있는 일이 늘어난다는 것, 그리고 여유가 생긴다는 거야.

여유가 생기면 사람은 냉정해지고 실수를 저지르지 않게 되지."

"네, 옳으신 말씀입니다."

"자네는 위험한 다리를 몇 번이나 건너면서도 주변 협력자들의 도움으로 잘 헤쳐나갔어. 하지만 문제는 거기서부터였던 것 아닌가?"

네. 말씀하신 대로입니다.

당시 매장 두 곳의 매출을 합산하면 매달 1억 원을 넘겼으니, 겨우 매장 두 곳이라 해도 저는 연매출 12억 원의 요식업체 오너였던 셈입니다. 은행을 그만두었을 때 '은행원이 손님을 상대하는 장사를 하면 성공하기 어렵다'고 했던 사람도 있었습니다. 그러나 '죽을 각오로 하면 어떻게든 되는구나' 하는 생각이 들더군요.

점차 크림 주먹밥의 인기는 안정권에 접어드는 것 같았습니다. 나름대로 인지도도 올라갔고요. 아르바이트 종업원을 더 고용할 여유도 생겼고, 저 또한 매일 직접 나가지 않아도 가게는 문제없이 잘 돌아갔습니다.

편의점으로부터 '주먹밥 컬래버레이션 상품을 출시하자'는 이야기가 나온 건 2호점이 궤도에 오르고 얼마 지난 후였습니다. 오타니가 한 대형 편의점 체인점에 먼저 그러한 제안을 했더니, 상대측에서도 꼭 하고 싶다며 두말없이 답신을 보내왔다는 겁니다.

편의점 입장에서는 '평판 좋은 주먹밥 가게의 특별한

주먹밥'이라는 점이 신선하고 맘에 들었던 거겠죠. 그리고 저희 입장에서는 베이카쿠 브랜드를 판매할 수 있는 절호의 기회였고요.

하지만 저는 그 이야기를 들었을 때, 솔직히 망설였습니다. 그래서 하야마와 오타니를 불러서 미팅을 했죠.

오타니는 물론 찬성, 하야마는 반대, 저는 유보적인 입장이었습니다.

편의점에서 제시한 조건은 계약금 2,500만 원, 로열티는 매출의 1퍼센트. 꽤 좋은 조건이었다고 생각합니다. 다만 공동 개발이라고 해도 실질적으로는 크림 주먹밥 레시피를 건네야 하고, 가격결정권 또한 편의점 측에 있었습니다. 오타니는 지금은 인지도를 올리는 일이 가장 중요하다며 저희를 설득했죠.

그러나 하야마는 레시피를 건네준다는 점 때문에 반대했습니다. 자신이 고심해서 만든 회심작이었으니까요.

그 심정도 충분히 이해가 갔지만, 사실 저는 그보다 편의점에 가격결정권이 있다는 점이 마음에 걸렸습니다. 편의점 측에는 주먹밥 매장의 매출을 올리기 위해 베이카쿠의 크림 주먹밥의 인기에 편승하려는 목적이 있었습니다.

그리고 편의점 주먹밥의 가격대를 고려하면 분명 2,000원 내외로 출시할 계획이었을 겁니다.

2,000원에 파는 편의점 주먹밥이 있는데, 과연 손님들이 3,000원을 내며 저희 가게에서 주먹밥을 사 갈까요?

반면에 오타니가 찬성하는 것도 이해가 안 되는 건 아니었습니다. 아직 저희 주먹밥이 전국적으로는 지명도가 없었기 때문이죠. 만약 편의점 크림 주먹밥이 대박이 나면, 단숨에 크림 주먹밥이 전국적인 판매망을 갖게 되는 것도 불가능한 꿈은 아닐 겁니다. 다만 베이카쿠 브랜드에 얼마나 기여할지 그 효과까지 가늠할 수는 없었습니다.

저는 선택을 해야 했습니다. 그리고 고민 끝에 거절하기로 했습니다.

"그것은 베이카쿠의 총책임자로서 내린 결정이었나?"

노인은 곧바로 나에게 질문을 던졌다.

"네, 그 무렵에 저는 베이카쿠에 관련된 모든 사항을 결정하고, 그에 따른 책임을 지고 있었습니다."

노인은 납득을 했는지 고개를 끄떡이더니 다시 내 이야기에 귀를 기울였다.

역시나 오타니는 "네 의사는 존중하지만 왜 거절하는 거야?" 하고 물어보더군요.

"편의점에서 우리의 크림 주먹밥을 파는 건 분명 매력적인 일이야. 그런데 그 권리를 얻더라도 우리는 잃는 게 있어. 바로 '가격결정권'이지. 처음에 네가 나한테 프랑스 음식에 관해 이야기했던 것 기억나?"

"그래, 기억나."

"그 뒤, 우리는 베이카쿠의 콘셉트를 결정했어. 그리고 지금의 내 생각은 이래. **가격결정권이야말로 브랜드의 힘을 결정한다고.**

스타벅스를 스타벅스로 있게 하는 건 뭘까? 사실 거기서 파는 건 고작해야 커피잖아. 일반 사람들이 커피 맛이 어떻게 다른지를 알 것 같아? 스타벅스와 다른 커피숍의 차이는 폭신한 소파도 아니고, 편안한 가게 분위기도 아니야. 나는 바로 그 차이가 가격에서 나온다고 생각해. 비싸기 때문에 가치가 있다고 생각하는 거지.

우리 크림 주먹밥은 주먹밥 중에서는 비싼 편이야. 하지만 손님들에게 그만한 가치를 제공하고 있다고 생각해. 그런데 그게 더 낮은 가격에 판매되면 지금까지 잘되던 게 물거품이 될까 봐 걱정돼."

오타니가 제 말에 설득이 됐는지는 모르겠습니다. 딱히 대답이 없었으니까요. 다만 제가 자신감 있게 말하는 모습을 보고 그 친구도 뭔가 느끼는 게 있었던 것 같습니다.

실제로 당시 주위에서도 제가 경영자로서 변화하고 성장하는 모습을 보고 종종 놀라기도 했고요.

오타니는 그때 저의 결단을 '베이카쿠는 내 손으로 키운다'는 결의를 표명한 것이라고 받아들인 듯했습니다. 그 뒤, 실제로 경영에 대해 참견하는 일이 줄었거든요.

오
판

돈만 좇다가 놓친 것은 없는가?

노인과 내가 앉아 있는 이 거리의 가게들은 문을 일찍 닫는다. 만약 벤치가 아니라 카페에 앉아 있었다 해도 지금쯤이면 "문 닫을 시간입니다."라는 말과 함께 쫓겨났을 것이다. 행여 다른 가게를 찾는다고 해도 심야 영업을 하는 카페는 없으니, 결국 슬슬 집으로 돌아갔으리라.

그렇다. 노인과 만난 이후로 몇 시간째 계속, 이 광장 근처의 벤치에만 앉아 있었다. 다행히 디자인이 잘됐다고 생각했던 벤치는 기능성도 우수한지 오랫동안 앉아 있어도 별로 피곤하지 않았다.

전등 불빛도 차츰 어두워진다. 이 시간에도 황황한 빛으로 거리를 환히 비추고 있는 곳은 편의점뿐이었다. 나는 먼 곳을 응시하면서 이런 생각을 했다.

'편의점은 이 거리에 대체 몇 곳이나 있을까?'

그때 갑자기 노인이 말을 걸었다.

"항상 하는 생각이 있네만, **후회는 먼저 오지 않는다네. '소 잃고 외양간 고친다'는 속담**은 우리에게 신중함을 요구하지.

그런데 안타깝게도 실제로 이 속담의 참된 의미를 뼈저리게 이해하는 시점은 대체로 일이 벌어진 뒤야. 후회할 때라거나 넘어진 뒤라거나…."

노인의 유머 섞인 말투에 마음이 조금 편안해졌다.

나는 다시 천천히 이야기를 이어나갔다.

그 무렵의 저를 돌아보면, 제정신이 아니었던 것 같습니다. 성공을 확신하다 보니 말이나 행동이 점차 대담해졌거든요.

그때의 감각을 아직도 기억합니다. 모처럼 커다란 성공을 눈앞에 두고 있으니 '뭐든 하지 않으면 손해'라는 생각이 강했죠. 가만히 있는 것만으로도 손해를 보는 듯한 강박관념에 휩싸였고요.

또, 앞으로 가게를 키워나가는 과정에서는 창업했을 때와 같은 용기는 더 이상 필요 없으며, 말없이 체스 말을 앞으로 전진시키기만 하면 된다고 생각했습니다.

하지만 그걸 저지하는 게 있었습니다. 바로 자기자금만 갖고 사업을 하겠다고 한 약속이었죠.

'자기자금으로 한 매장씩 착실하게 늘리느냐, 아니면 은행에서 대출을 받아서 단숨에 확장하느냐.'

저는 또다시 선택의 기로에 놓였습니다.

사실 크림 주먹밥의 인기는 조금 시들해졌지만, 매출에는 안정적으로 공헌하고 있었습니다. 저는 만약 여기서 최상의 한 수를 놓는다면 베이카쿠의 경영 자체가 한 단계 상승할 것이라고 확신하고 있었습니다.

그 결단은 저 혼자서 내렸습니다. 저의 새로운 계획은 3호점과 4호점을 동시에 개업하는 것이었죠. 그리고 은행에서 2억 원을 대출하기로 했고요.

나중에 이 이야기를 했더니, 두 사람 모두 깜짝 놀라더군요. "그렇게 자기자금을 고집했으면서!" 하는 놀라움이었을 겁니다.

하지만 이제는 다루는 금액도 커졌을 뿐 아니라, '나라면 할 수 있다!'라는 자신감으로 가득 차 있었습니다. 그리고 2억 원 정도의 대출금이면 당시 이익으로 볼 때 1년 반이면 반제 가능한 액수였죠.

3호점은 이 거리에서 가장 큰 S역의 중앙홀, 그것도 신칸센이 정차하는 역에 열기로 했습니다. 처음에 저희가 출점을 꿈꾸었던 곳이기도 했고요.

4호점은 이 거리에서 가장 번화가인 T시가지에 열기로 했습니다. T시가지는 영화관도 있고 세련된 카페들도 많아 데이트 장소로 주목받는 번화가입니다.

이 두 가게는 같은 중심부에 있었기 때문에 서로 가까웠습니다. 그래서 M역 앞 1호점과 K역 구내의 2호점에서 성공했던 방식을 조금 변형해서 도입하기로 했죠. 즉, 두 가게의 중간 지점에 주방을 빌려서 주먹밥을 만들고 양쪽 가게에 출하하는 스타일로 가기로 한 겁니다.

사실 처음부터 그런 방식으로 하고 싶어 매장 두 곳을 동시 개업했던 것이긴 하지만요.

저는 당시 같은 비용으로 이익은 배로 늘리는 재미에 푹 빠져 있었습니다.

S역 내의 중앙홀 임대료는 한 달에 500만 원으로, 계약금과 가게 설치비까지, 거의 2억 원의 초기비용이 필요했습니다.

T시가지의 임대료는 한 달에 450만 원이었는데, 가게 외관을 포함한 인테리어비도 필요했기 때문에 초기비용은 거의 1억 2,000만 원에 달했습니다.

한편, 주방으로 할 만한 적당한 곳을 얼른 구하지 못해 초조한 날이 이어졌습니다. 그러던 어느 날 가게 설비를 통째로 사용할 수 있는 매장용 물건이 있다는 말에 바로 확인하고 임대를 했습니다. 임대료는 250만 원이었고요.

저희는 대출받은 2억 원과 자기자금 1억 5,000만 원을 합친 3억 5,000만 원으로 그 비용들을 충당했습니다. 그리고 새로 직원들을 고용하고 가게 인테리어 등도 설계사에게 부탁해서 차차 원하는 모습으로 만들어나갔습니다.

나가는 돈이 비약적으로 커지자 조금 불안해지긴 했지만 '지금이야말로 승부를 걸 때다!'라고 생각하며 계속 나

자신을 다독였습니다.

"이 숫자, 왜 이런 거야?"

개점 준비로 한창 바쁠 무렵, 오타니가 저를 붙들고 물어보더군요.

오타니가 들고 있던 건 지난달 매출 데이터였습니다.

"지난달 매출이 왜?"

"주먹밥 폐기손이 늘었던데?"

"지난달부터 새 매장 개점 준비 때문에 크림 주먹밥 출하 수를 늘렸거든. 그래서 폐기손도 증가한 거야."

"늘리다니, 어떻게 늘렸는데?"

"밥은 일괄적으로 외부업자에 맡기기로 했어."

"뭐? 왜?"

"왜라니, 앞으로 밥은 더 많이 필요해질 거야. 매장이 늘면 하는 수 없잖아. 어느 타이밍에서는 외부에 맡겨야만 해. 안 그러면 매장별로 밥까지 지을 시간은 없어!"

"하지만 갓 지은 밥으로 주먹밥을 만드는 것도 콘셉트 중 하나였잖아."

"그건 프랜차이즈 사업을 하더라도 밥은 갓 지은 밥으

로 하자는 뜻에서 말했던 거였지. 지금은 기회를 잡아야 하는 시기잖아. 속도를 올려서 단숨에 우뚝 서야 해. 그래야 네 몫도 늘어난다고."

오타니는 여전히 제 방식에 불만이 있는 것 같았지만 더는 아무 말도 하지 않았고, 실제 경영은 제가 일임하고 있었기 때문에 저 또한 그가 더는 간섭하지 못하게 했습니다.

그러나 조금 후에 이런 말을 하더군요.

"에이스케, 너 좀 변한 것 같아. 편의점 이야기를 거절하고 난 후부터 좀 초조해 보여."

"그보다 너, 컨설턴트잖아. 지금의 베이카쿠를 보고 뭔가 조언해줄 건 없어?"

"아니, 네가 하는 일은 옳다고 봐. 다만 속도를 너무 내지 않았으면 해."

"그런 건 말 안 해도 알아. 하야마는 새 매장 오픈을 앞두고 신메뉴 개발에 힘쓰고 있어. 너도 컨설턴트 같은 건 그만두고 빨리 이쪽으로 오지 그래? 아주 재밌어."

"그래, 그건 너만 봐도 잘 알겠어. 자신감이 없던 때와 비교하면 눈빛이 완전 달라졌거든."

저는 운영 방식을 급격하게 바꿔나갔습니다. '확대화와 효율화를 한 번에 추진하기 위해서는 남에게 맡길 부분은 맡겨야 한다'는 결론을 내리고, 새로운 매장의 개점 준비를 진행했죠.

그런데 하야마도 이 급격한 변화에 조금씩 걱정을 내비치더군요.

"사장님, 외부에 맡긴 밥 말인데요. 맛이 좀 떨어지는 것 같아요."

"하는 수 없어. 그래도 최고급 쌀과 최신식 밥솥으로 지어왔잖아. 같은 쌀이니까 문제가 될 건 없어."

"그런가요⋯."

"크림 주먹밥의 핵심은 밥이 아니라 크림 부분이야. 크림은 예전 레시피 그대로 만들 거고. 그 점에서의 타협은 일절 없어!"

노인은 내 쪽은 보지도 않고 그저 앞을 지나가는 사람들에게 시선을 돌리며 가볍게 질문을 던졌다.

"창업할 때는 그토록 자기자금을 주장했으면서 왜 그처럼 약속을 손쉽게 깨버리고 은행에서 대출을 받으려고 했었나?"

"타이밍을 놓치고 싶지 않았기 때문입니다. 크림 주먹밥의 당시 인기에 편승하면 저희는 성공으로 한 걸음 더 다가갈 수 있다고 생각했거든요. 그러려면 출점 공세를 펼칠 수밖에 없었고요.

크림 주먹밥이 아무리 인기가 많아도 당시 우리 가게는 지방에서 소문난 가게에 불과했으니까요.

그리고 편의점 이야기를 거절했을 때는 지금이 사업을 한 단계 끌어올려야 하는 타이밍이라는 걸 깨달았습니다.

느긋하게 자기자금이 모이기를 기다리기보다는 오히려 은행에서 대출을 받아 자기자금에 레버리지(leverage, 차입금 등 타인자본을 지렛대 삼아 자기자본 이익률을 높이는 투자법)를 걸어 크게 승부수를 던져야 할 때라고 생각했죠."

"처음에 했던 말과 아주 다르군. 그건 알고 있었나?"

"돈을 벌고 가게 실적이 쌓일 때마다 다루는 돈의 액수가 비약적으로 커졌습니다. 따라서 2억 원 대출은 금방 갚을 수 있을 거라고 생각했죠.

실제로 다달이 지불하는 금액은 예상 매출에 비하면 얼마 안 됐습니다.

그때 저는 조금만 더 노력하면 성공한 경영자들 틈에 들어갈 수 있다고 믿었습니다. 처음 시작한 사업이 그처럼 잘될 줄은 아무도 예상하지 못했죠. 심지어 제 아내도 마찬가지였고요."

"그 무렵, 아내와는 대화를 많이 나눴나?"

"아뇨, 집에 가도 베이카쿠 일로 머리가 꽉 차 있어서 대화를 나눌 여유가 없었습니다…."

"그럼 대출 건도 아내에게는 말 안 했겠군."

"네, 아내에게 사업 얘기는 하지 않았습니다. 그저 매달 통장 잔액이 늘어나는 것으로 아내를 만족시키고 있다고 믿었죠."

그 무렵, 아내는 내 사업보다 딸의 일로 머리가 복잡했다.

✸

"오늘도 병원에 다녀왔는데, 아이코 상태가 좀처럼 좋아지질 않아."

"의사는 뭐래?"

"더 큰 병원으로 가보지 않겠냐고 하던데."

"알았어. 돈 걱정은 안 해도 돼. 아이코에게 우리가 해줄 수 있는 건 다 해주자."

"그래. 당신이 지금 가장 힘든 시기라는 건 잘 알고 있어. 당신도 건강 조심해."

"'나는 밖에서 일해서 돈을 벌고, 아내는 집안 살림을 맡는다.'

저는 그렇게 하는 것이 가장 이상적이라고 생각했습니다. 제가 옆에 있다고 해서 뭔가를 더 해줄 수 있는 건 아니었으니까요."

"정말 그렇게 생각하나?"

갑작스러운 노인의 질문에 말문이 막혔다.

솔직히 당시의 나는 딸 문제는 팽개치고 내 사업의 재미에만 푹 빠져 있었던 건 아닐까.

"실제로 성공한 경영자 중에는 가정을 희생시키는 사람

들도 많이 있어. 그러니 그걸로 자네를 추궁할 생각은 전혀 없네. 사업이라는 건, 그만큼 빠져들지 않으면 성공하기 쉽지 않으니까.

하지만 자네가 애당초 왜 사업을 시작하려고 했는지를 돌이켜볼 필요는 있었을 거야.

다루는 돈의 수준이 올라가면서 자네는 마음의 여유를 점점 잃어버린 것처럼 보이는데."

노인은 나에게서 시선을 떼더니, 무언가 떠오른 듯 먼 곳을 응시했다.

"그 무렵, M역 앞 점과 K역 구내점은 누가 맡고 있었지?"

"남에게 맡길 수 있는 건 맡기고 있었지만, 장부는 계속 제가 관리하고 있었습니다."

"그럼 새로 개업하는 매장 두 곳은 누가 맡을 예정이었나?"

"그건, 하야마의 소개로 대형 음식점 체인점의 매니저를 스카우트했죠. 이름은 생각이 안 나네요. 어차피 금방 그만두게 했으니까요."

"오호, 그건 또 왜?"

"그 사람한테는 지금도 정말 미안한 마음뿐입니다….

어쨌든 신규 오픈을 앞두고 해야 할 일이 산더미처럼 쌓여 눈코 뜰 새 없이 바빴습니다. 솔직히 말하면 정신없이 일하면서 불안감을 잊고 싶은 마음도 있었습니다. 지금만 잘 넘기면 모두 잘될 거라는 생각으로 계속 움직였고요."

노인은 이렇게 중얼거렸다.

"오만해."

3장

부자의 유언

"돈에 대해 올바르게 행동하면 언젠가 반드시 성공할 거야."

파멸

톱니바퀴가 어긋나면 망하는 건 순식간이다

마침내 3호점과 4호점 개점 당일이 왔습니다.

새 매장 앞에는 아침부터 사람들이 줄을 섰습니다. 이전에 오타니가 썼던 방법을 따라 했던 겁니다. 지인들의 인맥을 동원해서 아침부터 줄을 서게 한 거죠. 절대 질 수 없는 승부였기 때문에 최상의 효과를 낼 거라 생각되는 일에는 아낌없이 투자했습니다.

이 두 매장에는 한 가지 중요한 특징이 있었습니다. 크림 주먹밥 하나만 팔기로 했다는 것입니다.

이전 두 매장에서도 각 주먹밥의 매출 비율을 보면 여전히 크림 주먹밥이 압도적이었고, 작업 효율과 비용 면에서도 그것만 파는 편이 실적을 내는 데 유리하다고 판단했거든요.

그래서 저희는 새로운 메뉴도 크림 주먹밥을 변형한 것으로 구성했습니다. '구운 크림 주먹밥', '매실 크림 주먹밥', '닭고기 크림 주먹밥', '원조 크림 주먹밥', 이렇게 총 네 종류를 준비했죠.

첫날에는 기대한 매출이 나왔습니다. 정말 최상의 출발이었습니다. 여기서 실적을 더 올리면 베이카쿠의 브랜드화도 단숨에 진행될 거라고 여겼고요.

하지만 세상일이라는 게 뜻대로 되지는 않더군요.

둘째 날 매출은 첫째 날과 거의 비슷했습니다. 그리고 일주일간, 이 상태가 지속됐습니다.

하지만 셋째 주가 지나면서 이상한 조짐을 느끼기 시작했습니다. 아무리 애를 써도 첫째 주의 매출을 넘기지 못했던 겁니다.

하야마와 새 매니저가 저한테 찾아와 함께 대책 회의를 열었습니다.

"사장님, 매출이 생각보다 늘지 않는데 죄송합니다. 제가 개발한 새 주먹밥의 반응이 별로인 것 같네요."

불안해하는 하야마와 매니저를 안심시키기 위해 저는

한껏 미소를 지으며 대답했습니다.

"아니야, 새 가게가 자리 잡을 때까지는 시간이 걸리는 법이거든. 지금은 버텨야 할 때야. 할 수 있는 건 다 해보자고!"

솔직히 그렇게 말하는 저 또한 내심 불안하고 초조했습니다. 지난번의 두 매장에서는 겪지 못한 부담감을 처음으로 느끼기 시작한 겁니다.

'하필 이 두 매장에서 매출이 안 나오다니. 지난번보다 오가는 사람들도 훨씬 많고, 주 고객층인 회사원들도 더 많이 보이는데… 오타니와 의논해볼까?'

편의점 건으로 의견이 갈렸던 이후 저희는 서로 서먹해진 상태라 선뜻 연락하기가 꺼려졌지만, 이번 일은 아주 중대했기에 제가 먼저 용기를 냈습니다. 그런데 오타니는 의외로 순순히 의논해주더군요.

"그 두 가게는 나쁘지도 않지만 좋지도 않아. 거기 주변에는 새롭고 화려한 가게들도 많기 때문에 지금 우리 가게는 그 거리에 매몰되어 있다고 할 수 있어.

크림 주먹밥은 대박 상품이지만, 출시된 지 거의 1년이 지났어. 손님들도 슬슬 물리지 않았을까? 새 상품을 출시하는 건 어때?"

"신상품은 이미 내놨어. 크림 주먹밥의 변형이긴 하지만, 새로운 맛을 세 종류나 출시했다고."

"그래…."

오타니는 갑자기 입을 다물었습니다. 저는 너무 답답해서 속으로 이렇게 소리쳤죠.

'오타니, 대체 무슨 생각을 하는 거야? 가만히 있지만 말고 아이디어를 좀 내봐!'

오타니는 한동안 침묵을 지키더니, 이내 밝은 목소리로 이렇게 말했습니다.

"에이스케, 초조해하면 안 돼. 타이밍이 안 맞아서 어쩌다 매출이 떨어진 건지도 모르잖아. 우리, 광고를 내보는 건 어떨까?"

"그건 돈이 들잖아."

"전단을 만들어 돌리는 것도 광고야. 예를 들면, 매달 할인하는 날을 정해서 그날 전단을 역 앞에서 나눠준다거나…."

"컨설턴트라고 해도 뾰족한 수는 없구나."

"지금 할 수 있는 건 그 정도야. 아니면 가게 앞에서 시식 서비스를 하는 건? 여러 가게에서 그런 서비스를 제공한다는 건 판매에 효과가 있다는 거야. 낙심하지 말고 열심히 해봐."

"알았어. 지금 할 수 있는 건 다 해볼게."

그 뒤 베이카쿠의 광고가 들어간 휴대용 티슈를 만들어서 역 앞에서 나눠주기도 하고, 가게 앞에서 시식 서비스를 제공하기도 했습니다.

그런데 아르바이트로 고용된 사람들은 대부분 자신이 해야 할 일은 오직 판매라고 생각했기 때문에 다른 일도 함께 하게 되자 불만이 쌓였던 모양입니다. 뒤에서 아르바이트 직원들이 자신들이 하는 게 '일이 아니라 벌칙 같다'고 구시렁거린다는 이야기를 들었거든요.

하지만 직원들이 싫어하더라도 저한테는 생계가 달린 일이었으니, 제 모양새나 평판 따위를 신경 쓸 여유는 없었습니다. 솔직히 저도 점점 짜증이 늘어서 직원들에게 사소한 일로도 화를 내는 일이 늘었고요. 여태껏 팔리는 걸 당연시해오다가 주먹밥도 팔리지 않고 직원들로부터 안 좋은 말까지 듣게 되니 참 당황스럽더군요.

하지만 가장 힘들었던 건, 그렇게 백방으로 노력해도

매출에 변화가 없었다는 겁니다.

그러다 마침내 더 두려워하던 일이 터졌습니다. 새 매장이 문을 연 지 석 달이 지났을 무렵부터 매출이 조금씩 하락하기 시작한 겁니다.

그리고 그 달을 기점으로 전 매장에서 크림 주먹밥의 매출이 눈에 띄게 떨어지기 시작했습니다.

당시 신매장의 매출은 기대했던 바의 절반밖에 되지 않았습니다. 간신히 구매장의 매출은 20퍼센트 감소 정도로 멈췄지만, 그동안 전 매장에서 크림 주먹밥에 의존했던 만큼 크림 주먹밥의 매출 감소는 경영에 직접적인 타격을 주었습니다.

새 매장에서는 매일같이 준비했던 400개 정도의 크림 주먹밥을 폐기처분해야 했고요.

또, 월급을 지급하기 어렵다는 이유로 새로 고용한 아르바이트 직원의 절반을 해고할 수밖에 없었습니다.

일손이 부족해지니, 저는 1호점인 M역 앞 매장에 다시 서게 됐습니다. 그런데 오랜만에 매장에 서서 바라본 광경은 이전과는 확연히 다르더군요. 제가 예전에 매장에 있을 때 오던 단골손님들도 더는 보이지 않았죠.

줄을 늘어설 정도로 많은 사람이 찾았던 맛인데, 지난 반년간 무슨 일이 있었던 걸까요?

'모든 주먹밥에 물렸다', '한 번만 먹어봐도 충분하다', '미묘하게 맛이 변했다' 등 여러 이유가 있겠죠. 하지만 설사 진짜 이유를 알아낸다고 해도 한없이 허무해질 것 같았습니다.

좀처럼 이해할 수 없는 상황에 놓인 저는 세상을 저주하고 싶은 마음만 들더군요.

톱니바퀴가 한 번 어긋나기 시작하면 파멸은 정말 순식간이라는 걸 절실하게 깨닫는 순간이었습니다.

도산

꿈에서 깨어나 차가운 현실로

저는 인정하고 싶지 않았지만, 경영자로서 크림 주먹밥의 인기가 하락했다는 현실을 받아들여야만 했습니다.

그래도 위기를 타파해보기 위해 저는 여러모로 변화를 꾀했습니다. 먼저, 새 매장의 콘셉트를 수정했죠. 크림 주먹밥만 팔던 매장에도 다른 매장들과 똑같이 기본 주먹밥을 함께 판매하기 시작한 겁니다.

그 전략으로 하루 20여 개씩 판매가 늘었습니다. 하지만 S역 내에는 도시락을 파는 다른 가게도 많았기에, 결과적으론 차별화에 실패했죠. 결국 저희 가게는 특별히 내세울 만한 게 없는 평범한 주먹밥 가게로 전락했습니다.

게다가 T시가지처럼 세련된 카페들이 늘어선 거리에서 누가 테이크아웃으로 주먹밥을 사 먹겠습니까?

그 후 다시 방향을 조금 바꿔서 쌀가루 빵으로 만든 샌드위치도 출시했지만, 원가 비용만 들어갈 뿐 매출 향상에는 별 도움이 되지 않았습니다.

설사 직원들이 싫어하고 반대하더라도 효과가 단 1퍼센트라도 기대되는 일이면 이것저것 시도했지만, 예전처럼 매출이 올라가는 일은 없었습니다.

매출 감소는 하루하루의 현금 흐름에도 심각한 영향을 주었고, 새 매장에서 발생한 폐기 손해액이 그대로 구매장의 이익을 갉아먹는 꼴이 됐습니다.

그래도 새 매장을 철수하지 않은 건 오기 때문이었을까요. 솔직히, 그동안 순조로웠던 것을 효율화와 확대화라는 방향으로 틀었던 제 결정이 모두 잘못된 것이었음을 인정하고 싶지 않았습니다.

사실 그보다 냉정해진 지금은 얼마든지 실패 원인을 떠올릴 수 있습니다. 애당초 한때 유행하고 말 상품에 그처럼 돈을 투입했던 것 자체가 난센스였는지도 모르죠.

그런데도 당시 저는 아직도 우리는 '죽음의 계곡'의 한가운데에 있다고 말하며 저 자신과 직원들을 다독였습니다. 지금은 인내하며 기다려야 할 때라고 하면서 말이죠.

하지만 시시각각 현금 준비금은 계속해서 줄어들었고, 최악의 경영 상태라 해도 식자재는 사야 했습니다.

그러다 마침내 그것들을 살 돈마저 부족해졌습니다. 저는 현금 흐름이 악화되는 원인을 제거하기 위해 지금까지와는 다른 대안을 세우기로 했습니다.

그렇게 저는 오타니를 다시 찾아가게 됐습니다.

오타니는 제 이야기를 끝까지 듣더니, 이런 말을 던지더군요.

"매출 5퍼센트가 힘들어?"

"… 미안. 지금도 간신히 버티고 있는 거야. 바로 얼마 전에 은행에서 추가 융자도 받았는데, 벌써 자금이 모자라. 그래서 말인데, 너에게 주기로 했던 매출의 5퍼센트를 하다못해 이익의 5퍼센트로 바꾸는 게 어떨까 하는데….

지금 매장 전체의 한 달 매출은 대략 5,000만 원이야. 하지만 임대료와 인건비, 폐기손 등을 합산하면 지출은 월 4,000만 원이 돼.

그럴 때 매출 5퍼센트는 250만 원(5,000만 원×0.05)이지만, 이익의 5퍼센트는 50만 원((5,000만 원-4,000만 원)×0.05)이 된다는 계산이 나오거든. 대충 250만 원의 5분의 1 수준인 거지.

지금 베이카쿠에서 200만 원의 차이는 커. 예전의 베이카쿠였으면 같은 비용에 매출은 배였으니 이렇게까지 차이가 크지는 않았는데 지금은 상황이 달라졌어."

"그렇구나. 하지만 그게 나와 무슨 상관이냐고 하면 아마 너무 냉정하다고 날 탓하겠지? 그런데 말이야…. 에이스케, 우리가 애초에 했던 약속은 무엇이었을까?"

"…."

"너는 분명 내가 그 제안을 받아줄 거라는 생각에 날 찾아왔겠지만, 내가 완전히 남이었다면 분명 그렇게 하지도 못했을 거야.

넌 상황이 이렇게 되고 나서야 교섭 상대로 가장 먼저 나를 택했어. 그러니까, 상대가 나라면 교섭에 응해줄 거라고 생각해서 여기에 온 거지. 아닌가?"

"맞는 말이긴 한데, 베이카쿠가 위기에 처하면 너한테도 좋을 게 없잖아."

"아니, 사업에는 당연히 실패가 따르기 마련이니까 별

로 나쁠 것도 없어."

"뭐? 그게 무슨 말이야?"

"말한 그대로야. 사업에는 실패가 따르기 마련이잖아. 거기서 어떻게 부활하는지로 경영자의 능력을 보여줘야 하는 것 아냐?"

"남의 일처럼 말하지 마. 원금은 이미 회수했으니까 남이라는 거냐? 애당초 네가 제안해서 시작했던 장사야."

"지금 남의 일처럼 말하는 게 누군데? 내 몫을 줄이면 너한테는 지출이 줄어들겠지만, 나한테는 수입이 줄어드는 문제야. 아니면 난 경영에 전혀 관여하지 않으니까 내 수입은 줄어들어도 상관없다는 거야?"

"아니, 그런 건…."

"그렇다면 약속은 끝까지 지켜라. 내가 주먹밥 가게를 하자고 제안했던 건 사실이야. 하지만 결단을 내린 건 너야. 매정한 것 같지만, 약속은 약속이야.

편의점과의 컬래버레이션을 지금 해보는 건 어때? 상황을 역전시킬 수 있을지도 모르잖아. 그렇게 풀죽은 얼굴만 하고 있지 말고."

"알았어. 그 담당자는 너와 아는 사람이었지? 다시 이야기 좀 해줘."

"얼마든지."

오타니와의 교섭은 결렬됐고, 대신 편의점과 하는 컬래버레이션을 다시 시도했죠. 오타니의 말처럼 상황을 역전시킬 수 있을지도 모르고, 계약금과 로열티가 들어오면 현금 흐름도 나아질 테고, 그렇게 해서 매장의 매출이 조금이라도 증가한다면 그것만으로도 충분하다고 생각했습니다.

하지만 역시나 편의점 담당자는 지난번과 달리 돌변해 이전보다 더 좋지 않은 조건을 제시하더군요. 역시 인기가 떨어진 걸 알아챘던 거죠.

편의점과의 계약금은 1,000만 원. 매출의 1퍼센트를 로열티로 받는 건 마찬가지였지만, 계약 기간, 즉 상품 진열 기간은 이전보다 줄어들어 두 달뿐이었습니다. 또, 크림 주먹밥을 2,000원에 판매하겠다고 하더군요.

역시나 하야마가 결사적으로 반대했습니다. 하야마에게는 자신이 이 크림 주먹밥을 탄생시킨 장본인이라는 자부심이 있었을 겁니다. 그토록 의미가 있는 '작품'을

1,000만 원에 빼앗기는 것과 다름없으니 당연히 용납하기 어려웠겠죠.

"사장님이 그렇게 결정하신다면 하는 수 없지만, 제가 만든 크림 주먹밥은 저에게 자식이나 마찬가지입니다. 물론 그만한 대가는 충분히 받았다고 생각합니다.

하지만 자식과 같은 크림 주먹밥 레시피를 이런 헐값에 팔아버리는 건 솔직히 받아들이기 어렵습니다."

"그래, 그 마음 충분히 알아. 하지만 크림 주먹밥의 인지도를 올리기 위해서는 어쩔 수 없어. 이해해줘."

"인지도가 올라가도 매출로 돌아올지는 모르는 거죠."

불행히도 현실은 하야마가 말한 그대로였습니다.

확실히 편의점과 컬래버레이션을 하면서 크림 주먹밥의 인지도는 올라간 것 같았습니다. 하지만 역시나 맛이 똑같은 주먹밥을 1,000원이나 낮은 가격으로 편의점에서 팔기 시작했으니, 굳이 저희 가게에서 돈을 더 주고 살 이유가 없어지는 건 시간문제였죠.

편의점과 컬래버레이션을 하는 동안, 역시나 크림 주먹밥 매출은 뚝 떨어졌습니다. 특히 T시가지의 베이카쿠에서는 하루 일곱 개로 장사를 마감하는 날도 있었습니다.

편의점에서는 '화제 만발의 크림 주먹밥 마침내 출시!' 하고 눈에 띄는 POP 광고를 했지만, 상품의 신선함은 이미 사라진 뒤였고요.

매출은 거의 올라가지 않았고, 더구나 전국 유통망을 갖춘 상품이 아니라 지역 한정 상품 중 하나였기 때문에 로열티도 보잘것없었습니다.

결국 그것이 우리의 사업에 종지부를 찍게 만드는 결정적 사건이 됐습니다.

매출은 올라가지 않고, 하야마와 신뢰 관계도 무너지고, 새로 고용한 매니저의 인건비도 나오지 않자 결국 저는 그부터 퇴직시켰습니다.

그 매니저는 하야마의 소개로 들어왔던 사람이라, 아마 그때 하야마는 결단을 내린 것 같습니다. 그 매니저를 권고사직시킨 다음 날, 하야마가 저를 찾아왔거든요.

"사장님, 죄송하지만 저도 그만두겠습니다. 더는 사장님과 같이할 자신이 없습니다."

"왜? 그동안 같이 잘해왔잖아! 지금이 가장 힘들 때야. 지금 그만두면 베이카쿠에는 아무것도 안 남는다고."

"왜죠? 새 매니저를 잘랐듯이 인건비를 절감했다고 생각하면 되잖습니까?"

"무슨 말을 그렇게 해. 네 존재는 단지 돈이 아니라고. 여기까지 올 수 있었던 건 모두 네 덕이잖아. 네가 크림 주먹밥처럼 참신한 메뉴를 만들어서 가게가 급성장할 수 있었던 거고."

"하지만 예전 같은 인기는 이제 없습니다. 다 제 실력이 부족한 탓입니다."

"다시 새로운 걸 만들면 되잖아. 너라면 다시 대박 상품을 만들 수 있을 거야. 그걸 너한테 기대하는 거고."

"아뇨, 새 매니저는 불과 반년 만에 잘렸습니다. 그리고 그 친구를 소개한 건 접니다. 그 친구에 대해서는 저도 일부분 책임이 있고요.

다른 곳에서 다시 시작하겠습니다. 대신 그동안 만든 주먹밥용 레시피는 모두 두고 가겠습니다. 그걸로 열심히 하십시오."

"하야마…, 제발 부탁이야."

저는 무릎까지 꿇으며 하야마를 붙잡았지만, 그가 그 결정을 뒤집을 리는 없었습니다.

그때부터 모든 상황이 순식간에 악화됐습니다.

저는 하야마처럼 자기 인생을 걸어준 요리사조차 서포트해주지 못한 제 능력의 한계를 절감했습니다.

그리고 그동안 많은 사람들의 도움으로 수많은 행운을 얻어왔다는 사실을 깨달았습니다. 하야마도, 오타니도 저한테는 정말 귀중한 사업 파트너였던 거죠.

저는 최후의 발악으로 줄일 수 있는 비용은 다 줄이면서 가게를 유지하기 위해 모든 수단을 동원했습니다. 하지만 신메뉴 개발도 뜻대로 안 됐고, 하야마가 놓고 간 크림 주먹밥 레시피에만 계속 의지해야 했습니다.

그렇게 6개월이 지난 뒤, 모든 매장에서 크림 주먹밥의 폐기 개수가 매출 개수를 웃돌자, 저는 제가 졌음을 분명히 깨달았습니다. 그리고 드디어 새 매장 두 곳을 폐쇄하기로 결정했죠.

당시 저는 친구한테 빌린 것까지 포함해서 3억 원의 빚을 짊어지게 됐습니다. 구매장 두 곳은 그대로 영업을 하면 됐지만, 편의점과의 컬래버레이션 때문인지 크림 주먹밥의 인기가 하락한 탓인지, '가격이 센 주먹밥 가게'라는 이미지까지 생겨서 예전처럼 매출은 신장되지 않았고 이익도 거의 나지 않았습니다.

더 이상 계속해도 절대 나아질 리 없다는 확신이 왔습니다. 그리고 신매장의 후처리로 들어가는 비용도 늘어나 다음 달 운전자금이 부족해질 게 눈에 훤했고요.

추가로 브릿지론(bridge loan, 자금난에 빠졌을 때 일시적으로 자금을 연결하는 다리[bridge]가 되는 대출[loan]로, 임시방편 자금대출을 일컬음)을 더 얻을까, 아니면 포기할까를 고민하는 나날이 이어졌습니다.

마침내 저는 마치 한여름 밤의 꿈과 같았던 지난 2년 반의 도전에 종지부를 찍기로 결정을 내렸습니다. 베이카쿠는 시작한 지 2년 반만에 사실상 도산을 한 것입니다.

그릇

돈은 그만한 그릇을 지닌 사람에게 모인다

어느덧 밤 11시가 됐다. 잠자코 내 이야기를 듣고 있던 노인이 물었다.

"자네가 저지른 잘못이 뭔지 알겠나?"

"크림 주먹밥의 인기가 계속될 거라고 과신했던 것 아닙니까?"

"그것도 있겠지만, 사실 자네는 운이 나빴어. 하지만 진짜 잘못은 다른 데에 있다네.

우선 자네는 자기 자신을 지나치게 믿었어.

돈의 거울이 비춘 자네의 진짜 모습은 아직 그만한 단계에 도달하지 않았거든. 그래서 돈의 엄청난 에너지를 그릇된 방향으로 사용한 거지.

그리고 또 한 가지.

단순히 '사업을 확대할 것이냐, 그대로 계속할 것이냐'로 스스로 선택지를 좁혀버렸어. 타이밍도 잘못됐고, 물건의 가치도 잘못 봤어.

군이 더 자세히 설명할 필요도 없을 걸세. **잘한 게 딱 하나 있다면 실패를 두려워하지 않았다는 것 정도야.**"

"솔직히 저는 아직도 오타니를 용서하지 못하겠습니다. 그 친구가 왜 하필 그 타이밍에 제 부탁을 들어주지 않았는지 아직도 이해가 가지 않거든요.

편의점과의 컬래버레이션 건을 거절한 이후로 저에게 앙금이 남았다는 건 알고 있었지만, 저는 경영자로서 올바른 판단을 내렸다고 생각합니다."

"남의 탓으로만 돌려서는 문제가 해결되지 않아. 그 친구는 투자자로서 규칙을 따른 걸 거야. 내 생각에 매출의 5퍼센트를 받는 약속을 한 시점에 그 친구의 마음은 이미 베이카쿠를 떠나 있었어.

어쨌든 오타니라는 친구에 대해서도 알아봤네. 그 친구는 역시 사업가라기보다 창업 컨설턴트에 가깝더군. 중요한 결정은 모두 자네에게 맡겼으니 말이야."

"그렇다면 직업상 그 친구 주변에는 창업을 원하는 사람들이 한두 명이 아니었을 텐데, 왜 굳이 저를 택했던 걸까요?"

"그 친구는 나름대로 자네에게서 경영자의 자질을 발견했을 거야. 수많은 창업 희망자들은 자네만큼 솔직하지도 않고 성실하지도 않아.

그 친구도 자네와 같이 창업하는 사람들을 가까이에서 보면서 '나라면 더 잘할 수 있을 텐데' 하는 생각을 버리지 못했던 거지.

하지만 자네와 함께하면서 자신의 한계를 깨달은 순간이 있었을 걸세. 진실은 그 친구에게 물어봐야 알겠지만."

도산 이후, 정말로 힘들었던 시기가 찾아왔지만 저는 기억이 잘 나지 않습니다.

가게를 닫기로 한 뒤, 반년은 잘 틈도 없이 계속 M역 앞 점에서 먹고 자면서 장부, 그리고 현금 흐름표와 씨름을 하며 지냈습니다.

가게 일 외에 유일하게 기억하는 건, 아내가 집을 나갔다는 것입니다. 그리고 좋지 않은 일은 한꺼번에 몰려온다는 말을 증명이라도 하듯 딸의 상태가 그 무렵 급격히 악화됐고요.

베이카쿠의 사정이 나빠지면서 아내와의 다툼은 끊이지 않았습니다.

당연한 일이었죠. 저는 약속을 저버리고 대출을 받았고, 게다가 사업이 위기에 빠지면서 매달 줄타기와 같은 상황을 반복하고 있었으니까요.

"당신은 아이코 생각을 하긴 하는 거야? 당신 자식인데 소중하지 않냐고!"

"그럴 리가 있겠어. 하지만 지금은 어쩔 수 없어. 조금만 참아줘."

"당신은 언제나 그래. 자기만 우선시하고, '조금만, 조금만, 조금만' 하면서 매번 넘어가려고만 들잖아!"

"말이면 단 줄 알아! 솔직히 지금 기댈 사람이 필요한 건 나야. 정말 자기 생각만 하는 게 누군데 그래?"

"나는 내 이야기를 하는 게 아니야. 아이코 생각을 하고 있냐고 묻고 있잖아. 그 애는 아프다고!"

"알아, 나도 안다고!"

아이코는 마침내 입원했습니다. 역시나 상태가 좋지 않았던 겁니다.

그래도 저는 매일같이 일에 쫓기고 있었습니다.

매일 '내일은, 내일은 꼭 딸의 병원에 갈 거야'라고 결심했지만, 막상 하루가 끝날 무렵에는 녹초가 됐고 딸에게 아무것도 해주지 못하는 날이 계속됐죠.

그러던 어느 날, 아내가 M역 앞 매장으로 찾아왔습니다. 2년 반 동안 처음 있는 일이었죠.

"우리, 이제 헤어져."

아내의 손에는 이혼 서류가 들려 있었습니다. 저는 아내에게 더 이상 반론할 기운조차 없었습니다. 그래서 그녀의 요구대로 이혼 서류에 도장을 찍었죠. 그때는 그것이 아내와 딸을 위한 일이라고 생각했습니다.

"돈은 자네를 비추는 거울이라고 했어."

"네. 돈이 있을 때는 적극적으로 승부에 나섰지만, 돈이 없어지니 차마 눈뜨고 못 볼 정도로 초췌해져서 주변 사람들에게 피해를 주고, 소중한 사람들을 배신했죠…. 하긴, 그 모든 게 다 제 모습일 겁니다. 나약한 인간의 모습인 거죠."

"누구나 나약한 면은 가지고 있기 마련이야. 하지만 돈이 없어도 웃으며 지내는 사람도 있어. 주변 사람들을 소중히 여기는 사람도 있고.

내가 말하고 싶은 건, 돈은 인생을 결정하는 한 가지 요소에 불과하다는 걸세. 다만, 주의해서 다루지 않으면 돈은 인생을 엉망으로 만들지."

"어르신, 어르신은 대체 누구십니까? 이제 그만 알려주셔도 되지 않습니까?"

"그럼 마지막으로 묻겠네. 자네는 아까 아내와 헤어지는 일이 아내와 딸, 두 사람을 위한 거라고 했어.

혹시 그 말이 진심인가?"

"그럴 리가 있겠습니까!"

내 목소리는 온 거리에 울려 퍼졌다. 나의 외침은 사람들이 없는 광장에서 한없이 맴돌다 허공으로 사라져버렸다.

왜 나는 그처럼 멍청했던 걸까? 그 이후로 하루도 후회

하지 않은 날이 없었다.

솔직히 말해 이혼 서류에 도장을 찍은 것은 아내와 딸을 위해서였다. 아이코의 치료를 위해 모은 돈을 파산하는 데 써버리는 일만큼은 무슨 일이 있어도 절대 피해야 했기 때문이다.

다행히 아내는 아직 젊으니 새로운 남편을 맞을 수도 있을 것이다. 그러면 아이코에게는 새 아빠가 생기는 셈이지만….

장사가 모두 순조로웠을 때는 나라는 존재가 근사하게 느껴졌고, 나에게 재능이 있다고까지 믿었다. 그리고 주변 사람들이 모두 어리석어 보였다. 하지만 정말 멍청한 사람은 바로 나 자신이었던 것이다.

"어르신도 제 이야기를 듣고 제가 정말 멍청하다고 여기시죠?"

"자네가 돈에 휘둘려 모든 걸 잃으려 하는 건 정말 멍청해 보이지."

"무슨 말을 하고 싶으신 겁니까?"

"너무 자책하지 말게. 고작해야 돈이야."

"저한테는 빚이 있습니다. 그건 엄연한 사실이고요. 그걸 갚으려면 얼마나 걸릴지, 정말 까마득하단 말입니다!"

"자네는 아무것도 몰라."

"그럼 어르신은 뭘 아신다는 거죠? 제 실패담을 듣고 즐기고 계셨던 것 아닙니까? 취미도 참 고약하시군요! 스스로 조커라고 말하면서 도대체 뭘 하고 싶은 겁니까? 제가 얼마나 어리석은지 비웃고 싶었던 것 아니냐고요!"

"자네는 특별히 멍청하지 않아. 돈에 지나치게 휘둘렸을 뿐이야. 그건 누구나 피할 수 없는 함정과도 같지. 어느 정도의 돈에 만족하는 건 어려운 일이거든. 돈은 가질수록 더 가지고 싶어지는 법이야.

자네는 돈을 다루는 방법에서는 많은 실수를 범했지만, 실제로 경영 면에서는 단 한 가지 실수밖에 하지 않았어.

자네 말대로 '크림 주먹밥의 인기는 언제까지나 계속될 것이다'라고 믿은 것, 그거 하나야.

만약 크림 주먹밥이 계속 잘 팔렸다면 어땠을 것 같나? 모든 게 순조롭지 않았을까?"

"네. 다 제 탓입니다. 제가 큰 실수를 저질렀습니다. 그래서 저뿐 아니라 많은 사람의 인생을 망쳤고요. 그런 부분까지 꿰뚫어 보지 못했던 제 책임입니다."

"자네는 자신한테 너무 엄격해. 사실 자네가 그렇게 자책하길 바라는 사람은 아무도 없어.

다만, '절대'라는 건 없다는 걸 명심하게. 누구나 운이 없으면 성공하지 못하고, 운이 나쁘면 아무리 완벽한 계획을 세워도 실패하기 마련이야.

하지만 운이 언제까지나 나쁜 사람은 없어. 자네도 돈에 대해 올바르게 행동하면 언젠가 꼭 성공할 걸세.

그러니까, 배트를 휘두르는 걸 그만둬서는 안 되네."

"그건… 그건, 실제로 어르신은 실패한 적이 없어서 그처럼 쉽게 말씀하시는 겁니다. 빚을 안고 출발하는 게 얼마나 부담이 되는데요. 무려 마이너스 3억 원이라고요!"

"하지만 자신의 소중한 것과 교환하는 데에는 아주 적은 금액이지."

"암만 그렇게 말씀하셔도…."

"1년 전만 해도 자네에게 그 금액은 별로 어렵지 않게 모을 수 있는 돈이었을 걸세. 그때의 자네와 지금의 자네는 외관상으로는 별로 달라진 것도 없을 거야. 바뀐 건 사고방식이지.

　자네는 섣불리 더 많은 돈을 얻으려다 평정심을 잃고 실패했어. 그리고 돈을 잃고 나서도 계속 평정심을 잃고 있어."

　"그렇다면 저는 그저 두 주먹밥 가게로 만족해야 했던 겁니까? 아니, 그보다 훨씬 전으로 돌아가서, 은행원으로 있었던 게 더 나았던 겁니까?"

　"아무도 '만약에'의 세계는 알 수 없어. 하지만 돈에 관한 경험은 돈을 다뤄봐야만 쌓이는 거야. 자네는 그 경험을 이미 얻지 않았나? 은행원처럼 남의 돈이 아닌, 자신의 돈을 다루는 경험 말이야."

　"경험은 돈이 안 되잖습니까?"

　"그건 어떻게 받아들이느냐에 달렸지. 자네는 판단을 잘못했다고 했지만, 그 경험은 자네가 장차 판단을 내릴 때 반드시 도움이 될 거야.

　1억 원을 토대로 판단을 내렸던 경험은 1억 원의 그릇이 되어서 자네 속에 남게 되거든.

　그럼, 다음에 10억 원이 수중에 들어오면 어떻게 하겠나? '만약 10억 원이 나한테 생긴다면', 이게 꼭 꿈속에서만 일어날 법한 허황한 가정은 아니야.

이미 자네에겐 1억 원의 그릇이 생겼기 때문에 신중히 돈을 다룬다면 10억 원도 분명 현실적으로 사용할 수 있을 거야. 따라서 1억 원을 다뤄본 경험은 무엇과도 바꾸기 어려운 귀중한 재산이지."

"하지만 이제 그만한 돈을 갖는 일은 없을 겁니다."

"아니, 그렇지 않아. 이건 정말 신기한 일인데, 돈은 그만한 그릇을 가진 사람에게 모여든다네. 10억 원의 그릇을 가진 사람에게는 10억 원, 1억 원의 그릇을 가진 사람에게는 1억 원이 모이게 돼."

"당장은 믿기지 않습니다."

"돈은 반드시 다른 사람이 가져온다고 했네. 돈은 세상을 순환하는 흐름과도 같아. 흘러가는 물을 일시적으로는 소유할 수 있어도 그걸 언제까지나 소유하지는 못하는 법이지.

그래서 부자라는 인종은 돈을 반드시 누군가에게 맡기거나 빌려주거나 투자하려고 들어. 그때 누구를 선택하느냐가 관건이야.

만약 자네에게 1억 원이 있으면 주변에 있는 중학생에

게 투자할 텐가? 혹은 월급 300만 원에 만족하는 직장인에게 맡길 것 같나? 만약 그랬다가는 서로 불행해질 거야.

그래서 부자는 자신의 돈을 반드시 그 금액에 어울리는 그릇을 가진 사람에게 주는 거야. 그러면 그 돈은 다시 열 배 이상으로 돌아오게 되지. 그건 틀림없는 사실이라네."

나는 오늘 이 기나긴 밤에 노인으로부터 들은 말들을 하나하나 떠올려보았다.

노인이 전달하고 싶었던 메시지를 모두 이해했다고 할 수는 없었다. 하지만 나는 돈이 가진 신비하면서도 위험스러운 단면에 대해 깨칠 수 있었다. 왠지 이 노인에게 돈에 대해 조금 더 배울 수 있다면, 이 모든 것을 다 연결해서 생각할 수 있을 것만 같았다.

그때, 노인이 천천히 입을 열었다.

"자네에게 딸이 하나 있다고 했던 것 같은데, 이름이 아이코라고 했나?"

"네, 지금 큰 병원에 입원해 있습니다. 입원한 지 꽤 됐을 겁니다.

하지만 저는 딸에게 해줄 수 있는 게 아무것도 없습니다. 돈이 있으면 해줄 수 있는 게 많을 텐데, 지금 저는 병원에 찾아가지도 못합니다.

본래 이혼을 한 것도 금전적 지원을 못 해줄 바에는 차라리 모자가정으로 있는 편이 지원받기 더 수월할 거라 판단했기 때문입니다."

"자네는 언제까지 돈에 지배당할 셈인가?"

"하지만 이제 와 무슨 낯짝으로 만나겠습니까? 돈도 주지 않는 아빠가 무슨….."

"아직도 어리석은 소리만 하는군. 자네는 진짜 바보가 될 셈인가?"

노인의 목소리가 광장에 울려 퍼졌다. 그동안 온화하게 이야기하던 목소리와 달리, 박력 있는 저음으로 내뱉은 음성이 내 마음을 뒤흔들었다.

사람

돈의 지배에서 벗어나려면 주변부터 돌아보라

어리둥절한 표정을 짓고 있는 나를 보며, 노인은 큰소리로 외쳤다.

"당장! 지금 당장 병원으로 가게! 가서 딸의 얼굴을 보게나. 오늘이 자네 딸이 수술을 받는 날이 아닌가?"

'이 노인이 어떻게 그걸 알고 있지?'

그러나 더 이상 이런 의문에 대해 생각할 겨를도 없었다. 노인의 목소리가 내 등을 힘차게 떠밀었기 때문이다.

"돈으로 해결할 수 없는 일도 있어. 그런 건 몸으로 해야 한다네. 그 점만큼은 가난한 사람도 부자도 똑같아. 그러니까 지금 당장 뛰게나!"

"네, 알겠습니다!"

"병원은 알고 있나?"

"네, 알고 있습니다."

"이걸 들고 가게."

"이건 택시비입니까? 정말 죄송, 아니 감사합니다….'

"신경 쓰지 말고, 한시라도 빨리 가게!"

노인의 배웅을 받으며 나는 서둘러 택시에 올라탔다. 택시 기사에게 병원 이름을 말하자, 차는 거친 소리를 내며 출발했다. 기사는 긴급한 상황임을 눈치챘는지 맹렬한 속도로 병원을 향해 달렸다.

병원에 도착하자, 야간 출입구만 열려 있었다.

건물 안으로 들어가니, 병원 안은 이미 소등되어 어두컴컴했다. 저 멀리 불이 켜진 곳이 보였다. 그 불빛을 향해 나는 있는 힘껏 뛰어갔다.

도착한 곳은 간호사실이었다.

"저기, 고토 아이코의 아빠입니다. 아, 아니 가시와기(아이코 엄마의 성. 일본에서는 보통 부부가 이혼하면 아이는 양육자의 성을 따른다) 아이코라고 해야 하나요?"

나이가 지긋한 간호사가 의아한 듯 쳐다보더니, 새파랗게 질린 내 얼굴을 보고 상황을 짐작했는지 상냥하게 대답해주었다.

"고토 아이코 양은 오늘 수술을 받아서 이제 거의 끝났을 겁니다. 수술실 앞에서 사모님이 기다리고 계세요."

나는 간호사가 알려준 곳을 향해, 길고 어두운 병원 복도를 달렸다.

수술실 앞에 도착하자 기다란 의자에 오도카니 앉은, 낯익은 사람의 그림자가 보였다…. 아내였다.

"아이코 수술은 어떻게 됐어?"

"… 당신? 어떻게 여기를?"

"그건 나중에. 아이코는 어때?"

"의사 선생님이 어려운 수술이라고 하셨어. 하지만 최선을 다하셨대."

그리고 20여 분 동안, 나는 오랜만에 아내와 단둘이서 이야기를 나눴다.

나는 먼저 그녀에게 사과했다.

"그동안 아무런 힘이 되어주지 못해서 정말 미안해. 그리고…."

그러자 아내는 내 말을 슬며시 가로막더니, 천천히 입을 열었다.

"그동안 나만 힘든 줄 알았어. 당신은 언제나 일만 하고 집안일은 나 몰라라 했잖아. 나 혼자서 아이코를 돌봤고. 당신은 말로는 가족을 사랑한다고 했지만, 아무리 돈을 많이 벌어 와도 전혀 와 닿지 않았어. 집에서 당신은 그걸로 모든 의무를 다했다는 표정을 하고 있었지. 나는 그런 당신과 생각이 완전히 달랐고.

당신은 사업이 잘 안 되어서 내가 이혼했다고 생각하는 것 같은데, 사실 그전부터 결심했던 거야."

"… 미안해."

"아니야. 그런 내 생각도 독선적이었다는 걸 알았거든. 이번 일을 겪으면서 다시 깨달았어. 우리 모두 자기만 생각하고 있었던 거야.

아이코가 제일로 바랐던 건 단지 우리가 사이좋게 지내는 것이었는데, 우린 서로 자기 좋을 대로만 한 거지. 당신은 '돈만 벌어 오면 된다'고 생각했고, 나는 '돈만 벌어 오면 다야?' 하면서 당신한테 화가 나 있었고.

우리가 이혼한다고 아이코에게 이야기했을 때, 그 애는 아무 말도 안 했어. 하지만 성을 바꾸는 건 싫다고 완강히 거부하더라. 그런 점은 당신을 닮았나 봐. 역시나 나한테 그 애의 아버지까지 뺏을 권리는 없었어.

우리 때문에 그 애를 더는 힘들게 하지 말자…."

아내는 마지막에 오열했고, 그 소리는 복도에 울려 퍼졌다.

"알았어…."

하고 싶은 말이 많았지만, 가슴이 미어져 그 한마디밖에 할 수 없었다.

쾅!

마침내 수술실 문이 열렸을 때, 의사의 눈에 우리는 어떻게 비쳤을까? 있을 리가 없는 아버지가 와 있고, 어머니는 울어서 눈이 퉁퉁 부어 있으니 말이다.

젊어 보이는 담당 의사는 우리에게 가볍게 묵례만 하고 수술복을 갈아입으러 갔다.

반쯤 열린 문 너머로 조금 전에 수술을 마친 아이코의 모습이 살짝 보였다. 그리고 수술실에서 이동침대를 병실로 옮겨 갈 때, 나는 마침내 아이코의 얼굴을 볼 수 있었다.

아직 마취가 덜 깼는지, 아이는 눈을 감고 있었다.

"아이코, 괜찮니? 아프진 않고?"

나는 아이코에게 다가가서 말을 걸었다. 작게 말했는데도 병원이 조용한 탓에 목소리가 울렸다. 바로 옆에 있던 간호사의 눈치가 보이긴 했지만, 개의치 않고 딸아이에게 말했다.

"아이코, 정말 미안하다…."

그러자 아이코는 눈을 살며시 떠서 내 얼굴을 확인하더니, 부드럽게 미소를 지었다.

"아이코, 알아보겠니? 아빠야."

"… 다행이다."

그 말만 하더니, 아이코는 다시 눈을 감았다. 나는 병실로 향하는 침대를 붙잡고 계속 말을 붙이려고 했다. 그러자 간호사가 나를 막으며 이렇게 말했다.

"수술이 막 끝나서 흥분하면 안 좋으니까, 그만하세요."

그래도 내가 아이코에게 계속 말을 걸려고 하자, 간호사는 "다른 환자분들도 계시니까 이만 돌아가세요"라며 나를 강력하게 제지했다.

아이코가 간 뒤, 병원 복도에서 나와 아내는 우두커니 서 있었다.

그때였다.

"저기, 실례합니다. 혹시 고토 씨 되세요?"

아까 수술실 장소를 알려준, 나이가 지긋한 간호사가 다가왔다.

"고토 씨 맞죠? 조금 전에 어떤 할아버님이 이 편지를 전해달라고 하셔서요."

간호사가 건넨 봉투에는 '고토 에이스케 귀하. 조커로 부터'라고 적혀 있었다.

에이스케 씨, 아까는 수고가 많았네.

아니, 고맙다는 인사를 해야 하려나?

실패담을 솔직하게 들려준 일도,

이곳까지 와준 일도, 모두 고맙네.

이건 나와 한 꼬마 아가씨의 약속이었어.

나는 그 소녀를 이 병원에서 처음 만났다네.

한 달 전까지 나는 이 병원에 입원해 있었거든.

일인실에서 쓸쓸하게 지내고 있을 때

그 소녀가 내 병실에 잘못 들어와버렸지.

그런데 그 뒤로 그 소녀는 가끔 나를 찾아와줬어.

간호사 몰래, 병실을 잘못 들어온 척하면서 말이야.

마음씨가 착한 소녀였어.

내가 쓸쓸해 하는 걸 알아챈 거겠지.

나한테는 사랑하는 아내가 있었는데,

1년 전에 병으로 세상을 떠나버렸다네.

우리 부부에게는 자식이 없어서

나는 정말 혼자가 됐지.

자질구레한 일과 관련해서는

회사 사람들이 매일 찾아와 보살펴주니

크게 불편할 게 없었지만,

그들이 속내까지 털어놓을 수 있는 가족은 아니잖은가.

눈치챘겠지만, 그 소녀는 자네의 딸 아이코라네.

자네에 대해서는 아이코에게 들어서 알게 됐어.

그 아이는 자네를 아주 많이 좋아하더군.

하지만 아빠가 사업을 하면서 거의 얼굴도 못 보게 됐고

매일 바쁘게 지낸다고 했어.

그 이야기를 들으면서

나는 자네에 대해 유추했지.

분명히 돈의 지배를 받고 있을 거라고.

아이코는 매일같이 자네가 찾아오기를 기다리고 있었어. 그
런데도 나는 그 아이에게 아무것도 해줄 수 없어 가슴이 아팠
지.

나같이 외로운 노인에게도 이토록 자상하게 대해주는 아이
를 실망시켜서는 안 된다고 생각했어.

그래서 퇴원할 때, 아이코와 약속했다네.

"네 아빠를 반드시 이곳에 데려오마"라고.

그 무렵 아이코의 병세는 하루가 다르게 악화되고 있었어.

나는 퇴원한 후,

모든 수단을 동원해서 자네를 찾았다네.

나도 자네와 같은 사업가일세.

수없이 실패를 겪었지만, 그때마다 배우는 게 있었고,

이윽고 커다란 성공을 하게 됐어.

돈의 지배를 받은 적도 많았지만,

그 지배에서 벗어나면서

비로소 성공을 손에 쥐게 됐다네.

이제 알겠는가?

성공에 필요한 건 도전 정신과 경험이지, 돈이 아니란 말일세.

그리고 여러 가지를 경험할 수 있는 환경도 아주 중요하고.

자네는 그 환경을 스스로 망가뜨렸네.

하지만 자네가 크게 잘못한 일은 없어.

다만 조금 서툴고, 운이 없었을 뿐.

자네는 그 경험을 가지고 어떻게 할 텐가?

설마 그대로 무덤으로 가져 갈 생각은 아니겠지.

나는 실패를 경험한 사람을 높이 산다네.

실패란, 결단을 내린 사람만 얻을 수 있는 거니까.

다시 한번 사업을 해볼 생각은 없나?

내 회사에도 외식 부문이 있네.

원래 음식으로 시작해 키운 회사지.

그중 한 곳을 맡아서 경영자로 재기해보지 않겠나?

우리 회사에서 일하면 빚도 조금씩 갚아갈 수 있을 거야.

무엇보다 아이코를 더 이상 슬프게 하지 않았으면 하네.

자네에 대해서는 이미 알아봤어.

그만하면 경력은 충분해.

하지만 자네는 돈이 지닌 신비한 힘을 너무 모르더군.

그래서 자네에게 돈에 대해 조금 가르칠 필요가 있었지.

마음을 열고 내 이야기를 듣는지 여부가

자네의 입사시험이었네.

그리고 병원에 이렇게 찾아옴으로써

자네는 인간관계의 새로운 문을 열게 된 거야.

내일부터 아래에 쓰인 사무실로 와주게.

- 조커로부터

이 편지를 다 읽었을 때, 나는 지난 일을 돌아보며 하염
없이 눈물을 흘렸다. 그동안 불운을 한탄하고 주변을 원
망하며, 아무것도 시도하지 않고 허송세월을 보낸 나 자
신이 내심 한심했었다.

나는 '돈의 지배를 받아서 주변이 보이지 않게 됐다'는 말의 진정한 의미를 비로소 이해하게 됐다.

"이 편지를 전해준 어르신은 어디로 가셨습니까?"
나는 얼른 간호사에게 물었다. 간호사는 야간 출입구 방향을 가리켰다. 나는 편지 내용과 함께 오늘 밤에 있었던 신비한 일을 아내에게 간단히 설명했다.
"부탁인데, 나와 같이 가줘."
"알았어."
나는 아내 손을 잡고, 내가 왔던 길을 열심히, 빠른 걸음으로 되돌아갔다. 어둡고 조용한 복도에서 앞서 뛰어가는 나를, 아내가 열심히 따라왔다. 그녀의 헐떡이는 숨소리가 내 등을 더 세게 밀어주었다.

"어르신, 잠시만요!"
다행히 노인이 막 자동차에 타려던 참이었다.
"왜 그런가?"
"이렇게까지 마음을 써주시다니, 정말 뭐라 인사를 드려야 할지 모르겠습니다. 저기, 정말 가, 감사합…."

그는 내 말을 가로막았다.

"그다음 말은 자네 딸아이에게 하게. 나는 그 아이와의 약속을 지킨 것뿐이야.

그리고 자네는 내일부터 작은 달걀말이 가게의 점장 실습부터 시작하게 되는데, 괜찮겠나?"

"네, 뭐든 시켜만 주십시오!"

노인이 자동차에 올라타자, 기사는 조용히 문을 닫았다. 기사가 운전석으로 가는 동안 나는 자동차 창문으로 다가가 노인에게 마지막 질문을 던졌다.

"마지막으로 하나만 알려주십시오. 왜 처음부터 누구인지 밝히지 않으셨습니까? 그러면 제가 그처럼 무례하게 대하지 않았을 텐데요."

노인은 장난기 가득한 표정으로 대답했다.

"비장의 무기는 마지막에 써야지. 그때까지 자네가 어떻게 나올지도 살펴봐야 하니까. 다행히 자네와 보낸 시간은 아주 즐거웠다네."

그 말만 던지더니 노인은 기사에게 신호를 보내고 자동차를 천천히 출발시켰다.

나와 아내는 노인이 탄 차가 시야에서 사라질 때까지

손을 흔들며 배웅했다.

"여보⋯."

아내는 살며시 내 손을 잡았다.

시간은 어느새 자정을 넘어갔다. 긴 하루가 끝이 나고,
다시 새로운 하루가 시작됐다.

나는 아내의 손을 꽉 맞잡았다.

그 뒤, 내가 어떻게 됐는지에 대해서는 굳이 상세하게
이야기할 필요가 없을 것 같다. 당연하다면 당연한 상황
이 펼쳐졌기 때문이다.

나는 이것이 결코 해피엔딩은 아니라 생각한다. 이제부
터가 진짜 시작이니까.

달걀말이 가게는 크게 번성하지는 않았지만, 착실하게
운영한 결과 근방에서 인기 있는 명물 가게가 됐다. 내가
고안한 달걀말이 스틱은 새로운 손님들을 불러 모아서 그
런대로 호평을 받고 있다. 지금은 매장 한 곳을 더 늘리는
것을 목표로 심기일전하고 있다.

그리고 딸은 수술이 성공적으로 끝난 덕에 평범한 생활
을 할 수 있게 됐다. 내년부터는 학교로 돌아간다. 학년은

1년 늦어졌지만, 다시 건강하게 학교에 다닐 수 있게 된 것만으로 매우 기쁜 모양이다.

딸아이는 매일 즐거운 모습으로 생활하고 있다. 어느덧 집안일까지 도울 수 있게 된 그 애를 보고 있노라면, 눈물이 날 만큼 커다란 행복감이 가슴 깊은 곳에서부터 벅차오른다.

그리고 내 인생을 바꿔준 노인, 조커님은….

그 뒤에도 나한테 여러 가지를 가르쳐주고 있다. 그리고 말이 끝날 때마다 입버릇처럼 이렇게 덧붙인다.

"이건 내 마지막 유언이야. 내일 당장 죽을지도 모르니까…."

하지만,

다행히도 지금으로서는 전혀 그렇게 될 것 같지 않다.

참으로 감사한 일이다.

자신의 그릇을 키우고
돈과 인생의 주인이 되는 법

우리가 매일 취급하는 돈.

하지만 일본에는 '돈의 본질'에 대해 이야기하는 문화
가 없다. 그래서 나는 오래전부터 사람들이 돈의 본질에
대해 자유롭게 이야기하는 계기를 만들고 싶었다.

이 책을 쓴 것도 바로 그런 이유에서였다. 내가 사업에
실패해 괴로워하던 시절의 실제 경험을 바탕으로 완성했
고, 누구나 읽기 쉽도록 소설 형식을 취했다.

소설 속에는 수많은 조커의 말이 등장한다. 그중 어떤
말이 특별히 인상에 남는지는 각자 다르겠지만, 여기서는
개인적으로 강조하고 싶은 말들을 정리해보고자 한다.

"돈은 그 사람을 비추는 거울이야."

나는 이것이야말로, 돈의 본질을 가장 잘 드러내는 말이라 생각한다.

돈을 어떻게 쓰는지를 보면 그 사람의 습관, 라이프스타일, 취미와 취향 등을 모두 알 수 있다. 시험 삼아 한 달 동안 자신이 사용한 돈의 영수증을 모아서 누군가에게 보여줘보자. 아마 그들은 당신의 식생활, 행동 범위, 취미, 성격까지 유추해낼 것이다.

즉, 돈이란 개인의 사고와 행동의 결과가 그대로 드러난 산물이다. 당연히 우리의 사고방식에도 크게 영향을 미친다.

예를 들어, 저금을 많이 하는 사람은 자기관리 능력이 높다고 해석할 수 있다. 또한 음반에 쓰는 돈의 비중이 높은 사람은 음악을 특히 좋아하며 취미생활을 중시한다고 볼 수 있다. 높은 수익을 얻는 사람은 오랫동안 실력을 갈고닦으며 열심히 노력해왔다는 걸 알 수 있다. 반면, 겉으론 '세상에 도움이 되고 싶다'고 떠들면서 자신만을 위해 돈을 쓴다면, 그 사람의 말은 설득력을 잃을 것이다.

자, 이제 조커가 일관되게 전달하려고 한 메시지가 무

엇인지, 여러분은 알아차렸는가?

그는 단지 돈이 소중하다고 말하는 대신, 먼저 우리가 돈과 어울리는 방식을 돌아보라고 말하고 있다. 바로 거기에 진실이 담겨 있기 때문이다.

"사람에게는 각자 자신이 다룰 수 있는 돈의 크기가 있거든."

이 말은 먼저 자신의 그릇을 키워야 그에 맞는 큰돈이 들어온다는 뜻이다. 그릇이 작으면 어쩌다 우연히 큰돈이 들어온다고 해도, 결국 모조리 나가버리고 만다.

"자네에게 돈을 가져오는 건 반드시 '자신'이 아닌 '다른 사람'이야."

우리의 그릇을 판단하는 건 바로 주변 사람들이다. 즉, 그릇이 준비가 안 된 상태에서는 그 그릇보다 큰 기회가 굴러오지 않는다. 역으로 해석하면, '우리가 해결하지 못하는 문제는 우리에게 오지 않는다'고도 볼 수 있다.

"실패란, 결단을 내린 사람만 얻을 수 있는 거니까."

일반적으로 수입이나 돈이 크게 줄어들면 실패했다고

말한다. 하지만 거기에서 얻을 수 있는 '경험의 가치'는 사실 잃어버린 돈보다 훨씬 크다.

실패를 두려워만 하는 사람들은 대부분 '내가 가진 돈을 줄어들게 하고 싶지 않다'는 생각에 사로잡혀 있다. 즉, 그들이 실제로 두려워하는 것은 '실패'가 아니라 '돈'이다.

그런 이들은 돈 걱정 때문에 어떤 새로운 도전도 하지 못한다. 조커는 그렇게 돈의 지배를 받고 사는 사람들에게, 자신이 지금 돈을 어떻게 다루고 있는지 돌아보라고 간곡하게 말한다.

"나는 자네에 대해 유추했지. 분명히 돈의 지배를 받고 있을 거라고."

마지막으로, 조커가 강하게 전하고자 한 메시지는 편지에 적혀 있던 바로 이 말이다.

돈의 많고 적음에 따라 사회적 지위가 결정되고 돈 때문에 가정이나 사랑, 우정이 깨질 수 있다는 불안감. 돈을 얼마나 가졌는가가 인생의 성패를 좌우한다고 여겨, 결국 돈보다 중요한 가치는 전혀 보이지 않게 되는 두려움… 그 모든 것들이 이 한마디에 담겨 있다.

"나와 일 중에 뭐가 더 중요해?"라는 물음은 연인 사이에 종종 오간다. 정답은 뭘까?

당연히 사랑과 일, 둘 다 중요하다. 즉, 삶의 질을 높이려면 그중 어느 하나만 선택하는 게 아니라, 반드시 두 영역을 모두 향상시켜야 한다. 그러기 위해서는 돈의 본질을 깨달아야 하는데, 그래야 돈에 지배당하지 않고 사이좋게 공생하는 힘을 얻게 된다.

필자는 지금으로부터 13년 전쯤 '파이낸셜아카데미'라는, 돈과 경제교육을 위한 학교를 세웠다. 날마다 돈의 본질에 대해 고민하고 수많은 수강생과 이야기를 나누면서 이끌어낸 결론으로 이 글을 마무리하고자 한다.

"돈이란, 신용을 가시화한 것이다."

조커가 "자네에게 돈을 가져오는 건, 반드시 '자신'이 아닌 '다른 사람'"이라고 말했다. 돈은 신용이 있는 사람에게만 전달된다. 그리고 신용이 높으면 그만큼 많은 돈이 '기회'라는 얼굴로 접근한다.

신용은 지난 행동들의 결과이고, 지난 행동은 하루하루 사고해온 결과다. 요컨대, 하루하루의 사고가 행동을 만들고, 그 행동이 신용을 만들며, 그 신용이 결과적으로 돈이라는 형태로 나타나는 것이다.

학교에 가서 공부하고, 친구들과 약속을 지키고, 직장에서 착실하게 일하는 건 모두 신용을 얻기 위한 행동이다. 그렇게 얻은 신용은 돈이라는 형태로 남고, 그 돈은 인생의 선택지를 늘려주는 도구가 된다. 그렇게 삶에서 유용하게 쓸 수 있는 도구가 증가하면, 우리는 한층 더 알찬 라이프스타일을 실현할 수 있다.

누구나 평생 함께 어울리는 돈.

의무교육을 통해서는 쉽게 배우지 못하는 돈에 대한 지식을 올바르게 깨치는 것이, 우리 인생을 여유롭게 만들어줄 뿐 아니라 더 나은 인격을 만들어준다.

그렇게 중요한 '돈의 교양'을 쌓는 데, 이 책이 조금이나마 도움이 되기를 바란다.

이즈미 마사토

옮긴이 김윤수

동덕여자대학교 일어일문학과, 이화여자대학교 통역번역대학원을 졸업했다. 옮긴 책으로는 『부자의 집사』, 『성격 급한 부자들』, 『왜 나는 영업부터 배웠는가』, 『심플을 생각한다』, 『나는 더 이상 착하게만 살지 않기로 했다』, 『가면사축』, 『한밤중의 베이커리』 등이 있다.

돈을 다루는 능력을 키우는 법

부자의 그릇

초 판 1쇄 발행 2015년 3월 2일
초 판 27쇄 발행 2021년 1월 7일
양장개정판 1쇄 발행 2020년 12월 14일
양장개정판 37쇄 발행 2024년 7월 29일

지은이 이즈미 마사토
옮긴이 김윤수
펴낸이 김선식

경영총괄이사 김은영
콘텐츠사업본부장 박현미
책임편집 임소연 **디자인** 황정민 **책임마케터** 오서영
콘텐츠사업4팀장 임소연 **콘텐츠사업4팀** 황정민, 박옥아, 옥다애, 백지윤
마케팅본부장 권장규 **마케팅1팀** 최혜령, 오서영, 문서희 **채널1팀** 박태준
미디어홍보본부장 정명찬 **브랜드관리팀** 안지혜, 오수미, 김은지, 이소영
뉴미디어팀 김민정, 이지은, 홍수경, 서가을
크리에이티브팀 임유나, 변승주, 김화정, 장세진, 박장미, 박주현
지식교양팀 이수인, 염아라, 석찬미, 김혜원, 백지은
편집관리팀 조세현, 김호주, 백설희 **저작권팀** 한승빈, 이슬, 윤제희
재무관리팀 하미선, 윤이경, 김재경, 임혜정, 이슬기
인사총무팀 강미숙, 지석배, 김혜진, 황종원
제작관리팀 이소현, 김소영, 김진경, 최완규, 이지우, 박예찬
물류관리팀 김형기, 김선민, 주정훈, 김선진, 한유현, 전태연, 양문현, 이민운

펴낸곳 다산북스 **출판등록** 2005년 12월 23일 제313-2005-00277호
주소 경기도 파주시 회동길 490 다산북스 파주사옥 3층
전화 02-702-1724 **팩스** 02-703-2219 **이메일** dasanbooks@dasanbooks.com
홈페이지 www.dasanbooks.com **블로그** blog.naver.com/dasan_books
종이 IPP **인쇄 · 제본** 상지사

ISBN 979-11-306-3361-9 (13320)